Vorbemerkung. Dieses Tagebuch wurde in der Hoffnung geschrieben, es einmal veröffentlichen zu können, doch mußte dazu an seinem Ende Zuversicht statt Resignation stehen, und ein solcher Ausgang war nicht abzusehen. So dienten die Aufzeichnungen zunächst einem Selbstverständnis, das ganz persönliches, wenn auch weitestgehend sachbezogenes Erleben und Empfinden reflektieren und bestenfalls noch aus diesem engen Blickwinkel heraus individuelle Umbruchgeschichte von den Nachwehen deutscher Wiedervereinigung dokumentieren wollte.

Der Erfolg jahrelanger Recherchen legitimiert die Drucklegung dieses Bandes, der sich solchermaßen als aktuelle Frontberichterstattung internationaler Kunstfahndung versteht und mit spektakulären Ergebnissen Denkanstöße geben, Handlungsbereitschaft einklagen und all dies der öffentlichen Kontrolle überantworten will.

Die nachfolgenden Aufzeichnungen sollen eine miterlebbare Chronik sein, deren Spannung aus dem Thema selbst erwächst. Auf eine nachträgliche Bearbeitung wurde bewußt verzichtet, um trotz manch später erkannter Fehlinterpretation die Ursprünglichkeit zu bewahren.

Das abschließende Wort kann nur ein Dank an Hans Stadelmann sein, der mir in der Zeit unserer Zusammenarbeit Partner und Freund zugleich geworden ist.

Weimar/Leipzig, im Juni 1994 Wolfgang Schneider

Unter Mitarbeit von
Hans Stadelmann

Wolfgang Schneider

Die neue Spur des Bernsteinzimmers

Tagebuch
einer Kunstfahndung

Mit 20 Abbildungen

Gustav Kiepenheuer
Leipzig

Fotonachweis
Archiv Bernd Schmidt: Abbildung 13
Archiv Wolfgang Schneider: Umschlag, Klappe hinten;
Abbildungen 1 (Roland Dreßler), 6, 8, 20
Archiv Hans Stadelmann: Umschlag vorn;
Abbildungen 7, 9, 10, 12, 14–19
Stadtarchiv Weimar: Abbildungen 2–5
Thüringisches Hauptstaatsarchiv Weimar: Abbildung 11

Titelmotiv: Original-Ornament des Bernsteinzimmers (Privatbesitz)

ISBN 3-378-00580-7

Erste Auflage
Gestaltung: Dietmar Kunz
Schrift: ITC Century
Gesamtherstellung: Offizin Andersen Nexö
Leipzig GmbH
Printed in Germany

I. Das Tagebuch

1991

29. Mai 1991: In meinem Briefkasten steckt, wie an jedem Mittwoch, das kostenlos verteilte Extrablatt der »Weimarer Tagespost«. Des Lesens müde, da den ganzen Tag in der Bibliothek verbracht, blättere ich gelangweilt die Anzeigenflut durch. Eine Sonderseite mit dem Bild des verfallenen Landesmuseums läßt mich aufmerken, vor allem aber die Schlagzeile: LEGENDÄRES BERNSTEINZIMMER IN THÜRINGEN VERSTECKT?

Das Bernsteinzimmer – ich weiß nicht, vor wie vielen Jahren ich erstmals davon gehört oder gelesen habe. Es muß aber ziemlich lange her sein, denn ich kann mich nur noch dunkel an die geheimnisumwitterte Geschichte erinnern. So lese ich mit wachsendem Interesse unter der Überschrift WÄNDE MIT DEM GOLD DER OSTSEE GETÄFELT:

»Bernstein – das golden schimmernde, versteinerte Harz der Kiefer – hat die Menschen von jeher fasziniert. Zahlreiche Legenden ranken sich um seine Entstehung. Tränen der Götter sah man darin oder in der Ostsee verhärtete Sternschnuppen. Der ›Sonnenstein‹ inspirierte die Fantasie. Für die Fischer war das ›Gold der Ostsee‹ Zahlungsmittel, sie tauschten es gegen kostbares Salz. Später wurde der ›Brennende‹, so sein deutscher Name, als Schmuckstein entdeckt. Herzöge, Könige und Kaiser wetteiferten im Streit um den schönsten Besitz. Im 17. Jahrhundert entwickelte sich die in ganz Europa hochangesehene Zunft der Bernsteinmeister. Bernsteinplättchen wurden auf Holz geklebt, ganze Schränke, Schachteln und Wände mit dem Sonnenstein verziert.

Preußen-König Friedrich I. war ein großer Bewunderer der Meister – er gab das größte Bernsteinkunstwerk in Auftrag, das jemals entstand: das Bernsteinzimmer, von Kunstfreunden, die es leuchten sahen, als ›Achtes Weltwunder‹ tituliert. Doch sein Sohn, Friedrich Wilhelm I., wußte den Schatz nicht zu hüten: Als Staatsgeschenk vermachte er ihn Zar Peter I. von Rußland.

Der ließ das Zimmer im Katharinen-Palais vor den Toren Petersburgs aufbauen und beauftragte seinen Hofarchitekten Bartolomeo Francesco Rastrelli, den Raum auszugestalten. Es entstand ein einmalig schöner Festsaal – etwa sechsmal so groß wie das ursprüngliche Bernsteinzimmer. Vollendet wurde das Meisterwerk im Jahre 1790.

In zahlreichen Überlieferungen schwärmen Gäste des Palais vom ›Schein der Kerzen und dem in die drei Fenster einfallenden Licht der Sonne‹, die den Bernstein zum Leuchten brachten und den Besucher in eine ›wahrhaft himmlische Atmosphäre‹ versetzten.

Der russische Kunsthistoriker S. N. Wiltschkowski schreibt 1912: ›Der Stil des Bernsteinzimmers ist ein Gemisch von Barock und Rokoko; ein wahres Wunder, nicht nur durch den großen Wert des Materials, der kunstvollen Schnitzerei und die Leichtigkeit der Formen, sondern hauptsächlich durch den schönen, bald dunklen, bald hellen, aber immer warmen Ton des Bernsteins, der dem ganzen Zimmer einen unaussprechlichen Reiz verleiht. Hier ist nichts Aufdringliches, Schreiendes, die ganze Dekoration ist so bescheiden und harmonisch, daß so mancher Besucher vielleicht durch diesen Saal geht, ohne sich Rechenschaft darüber zu geben, aus welchem Material die Verkleidung der Wände, der Fenster- und Türrahmen und die Wandornamente bestehen. Die Bernsteinverkleidung erinnert am meisten an Marmor, ruft jedoch nie den Eindruck von Kälte und Pracht, der dem Marmor eigen ist, hervor und übertrifft dabei an Schönheit weit jede Verkleidung mit dem allerkostbarsten Holz.‹

Fast 200 Jahre war das Bernsteinzimmer eines der zentralen Kunstwerke im Katharinen-Palais. Bis es im Zweiten Weltkrieg von Deutschen demontiert und unter Aufsicht von Ostpreußens Gauleiter Erich Koch nach Königsberg gebracht wurde. Dort verliert sich seine Spur.«

Die Autoren der ganzseitigen Reportage (Ute Albersmann und Robert Beske) knüpfen mit dem Haupttitel DIE SPUR FÜHRT UNTER WEIMARS KARL-MARX-PLATZ (heute Teil der Carl-August-Allee) unmittelbar daran an. Zunächst die fesselnde Einstimmung:

»Das leuchtende Gold des Bernsteinzimmers hat jeden fasziniert, der durch den Saal im Katharinen-Palais schritt. Doch seit das Kunstwerk in den Wirren des Zweiten Weltkriegs scheinbar spurlos verschwand, geht von ihm eine noch größere Magie aus. Kunsthistoriker, Wissenschaftler und Abenteurer haben sich an der Suche nach dem ›Achten Weltwunder‹ beteiligt, Dokumentationen und Bestseller-Romane widmen sich dem Thema. Um das Schicksal des Kunstwerkes, das einst Preußen-König Friedrich Wilhelm I. dem russischen Zaren Peter I. schenkte, rankten sich tausend Geschichten. Schlüsselfigur ist Erich Koch, während des Dritten Reichs Nazi-Gauleiter in Ostpreußen. Bis zu seinem Tod in polnischer Haft 1985 hatte er immer wieder versichert: ›Wer meine Kunstsammlung findet, findet auch das Bernsteinzimmer.‹ Die Suche bleibt vielleicht nicht mehr lange erfolglos. Der Weimarer Hans Stadelmann (65), der an einem Dokumentarfilm zu dem Thema mitgearbeitet hat, ist sich sicher: ›Der Schlüssel zum Geheimnis liegt in der Goethestadt.‹«

Mit zunehmender Spannung lese ich nun den folgenden Haupttext:

»Kochs Kunstschätze sind in Weimar. Das steht für Hans Stadelmann fest. Am Morgen des 9. Februar 1945 – wenige Stunden vor dem verheerenden Bombenangriff auf die Stadt – kam die wertvolle Fracht in Thüringens Landeshauptstadt an. Gauleiter Erich Koch, der sich seine Schätze auf Raubzügen durch Polen und Rußland zusammengerafft hatte, ließ seine private Kunstsammlung von Königsberg ins Thüringer Landesmuseum schaffen, um sie vor den russischen Truppen, die die Stadt bereits eingekesselt hatten, zu sichern.

Aus Unterlagen des Weimarer Staatsarchivs geht hervor, daß die Sammlung von außergewöhnlichem Wert war. Gobelins, Gemälde und Silber sind in dem Verzeichnis aufgeführt – darunter Werke von Canaletto, Rubens und Spitzweg. Einige der Stücke waren mit dem ›Führervermerk‹ gekennzeichnet und eigentlich für das von Hitler geplante ›größte Museum der Welt‹ in Linz bestimmt.

Zwei Monate später, am 9. und 10. April, wurden die Kisten wieder auf Lastwagen geladen. Nach dem Dokument wurden ›zwei Drittel der eingelagerten Gegenstände von Herrn Poppa mit Lastkraftwagen mit Schweizer Hoheitszeichen nach unbekanntem Ort verlagert‹. Nach Zeugenaussagen, die Hans Stadelmann gesammelt hat, soll es sich in Wirklichkeit um einen Transport mit einem Fahrzeug der SS, geleitet von NSFK-Standartenführer Albert Popp, gehandelt haben. Popp leitete im Februar und April im Auftrag von Reichsleiter Bormann Transporte mit geraubten Kunstgütern nach und von Thüringen. Stadelmann bezweifelt, daß der Wagen die Stadt wirklich verlassen hat. Und seine Argumente klingen schlüssig.

Er vermutet die Kunstschätze in unzugänglichen Kellerräumen und einem geheimen Depot, das von Häftlingen des Konzentrationslagers Buchenwald 1943 und '44 unter dem damaligen Adolf-Hitler-Platz (heute Karl-Marx-Platz) angelegt worden sein soll. ›Hier unten gibt es genug Möglichkeiten, Kunstgegenstände zu verstecken. Kelleranlagen, an die man nicht ohne weiteres heran kann und die für den Laien nicht sichtbar sind.‹

Stadelmann glaubt an eine Verbindung zwischen dem Bernsteinzimmer und der Kochschen Sammlung: ›Unter den Stücken, die im Landesmuseum eingelagert wurden, waren auffällige Kerzenleuchter mit Bernsteinbesatz.‹ In Weimar ließen sich ›auf jeden Fall Hinweise finden, wo Teile des Bernsteinzimmers lagern könnten‹. ›Wir haben den Nachweis, daß es in Weimar gewesen ist. Da es später nirgends wieder auftauchte, muß es hier geblieben sein.‹

Doch wohin verschwand Kochs Sammlung nach dem 10. April? ›Es ist anzunehmen, daß der Komplex am Adolf-Hitler-Platz als Depot benutzt wurde. Die SS hätte allen Grund gehabt, hier geheime Lagermöglichkeiten zu schaffen. Weimars zentrale Lage machte die Stadt zum möglichen Fluchtpunkt. Und die Herren wußten doch irgendwann nicht mehr, wo sie mit den Sachen bleiben sollten, die sie überall zusammengemaust hatten.‹ Außerdem: Buchenwald lag direkt vor den Toren der Stadt. ›Damit war für die Nazi-Schergen ein unerschöpfliches Arbeitskräfte-Reservoir vorhanden. Geheime Bauaufträge konnten problemlos erledigt werden.‹

Die streng abgeschirmten Arbeiten, die nach Einstellung des von Architekt Giesler projektierten Parade-Objekts Adolf-Hitler-Platz 1943 begannen, und die Frage, was mit den Kunstschätzen geschehen sollte, könnten auch der Grund für ein mysteriöses Treffen in Berlin gewesen sein: Im März 1945 – einen Monat, nachdem Koch seine Kunstsammlung in Weimar einlagern ließ – traf sich der Gauleiter mit seinen beiden Weimarer Freunden, Thüringens

Gauleiter Fritz Sauckel und Reichsleiter Martin Bormann, zu Gesprächen in Berlin. Bormann war von Hitler unter anderem mit dem Aufbau des Museums in Linz beauftragt.

Wie Zeugenaussagen zu entnehmen ist, wurden für die geheimen Baumaßnahmen im Bereich des Adolf-Hitler-Platzes vom Jahr 1943 an Häftlinge des KZ Buchenwald eingesetzt. Stadelmann: ›Da kam niemand lebend wieder raus. Von denen kann keiner erzählen, was da unten vor sich gegangen ist.‹

Nicht nur Stadelmann ist Verfechter der Theorie, daß der Schlüssel zum Geheimnis um das Bernsteinzimmer in Weimar liegt. Mit ihm suchten Offiziere der ehemaligen Volkspolizei, sein Sohn Frank und ein Fernsehteam aus München nach dem Zugang zum Kunstdepot [...] Doch nicht alle unterstützten den Weimarer bei seiner Arbeit: In den vergangenen Monaten wurde er mehrfach telefonisch bedroht.

Stadelmann hat seine Vermutungen durch langjährige Untersuchungen erhärtet. Professor Grimmer von der Technischen Universität München und das Ingenieurbüro Lassas aus München fertigten Bodenuntersuchungen an, die bestätigen: Unter dem Platz existiert in sechs bis acht Meter Tiefe ein Raum mit starker Betondecke. Stadelmann: ›Und der ist in keiner Bauzeichnung zu finden.‹

Unter den Gebäuden an dem von Nazi-Architekten projektierten Adolf-Hitler-Platz entdeckte das Forschungsteam um Stadelmann und Remy [Maurice Philip, Leiter des oben genannten Münchner Fernsehteams – W. S.] bei den Untersuchungen verschlossene Kellerräume, die zum Teil mit Schutt und Dreck verfüllt wurden. Doch einige von ihnen sind hohl. Stadelmann: ›Wer weiß, was darin lagert ...‹

Bohrungen wurden durchgeführt und Decken abgeklopft. Eine Arbeit, die noch längst nicht abgeschlossen ist.

Insgesamt existieren mehr als 100 Kellerräume, und nicht alle sind zugänglich. Stadelmanns Ermittlungen gleichen der ›Suche nach der Nadel im Heuhaufen‹. Und sie sind nicht ungefährlich. Es muß damit gerechnet werden, daß die Geheimdepots mit noch immer hochexplosiver Sprengtechnik gesichert sind. Stadelmann: ›Ohne die Spezialisten vom Munitionsbergungsdienst arbeiten wir da unten nicht mehr. Auf eigene Faust weiterzumachen, wäre einfach zu riskant.‹

Hans Stadelmanns Forschungen sind noch nicht abgeschlossen. Gesucht werden Zeitzeugen, die Beobachtungen gemacht haben oder Unterlagen besitzen, die neue Hinweise enthalten könnten. Sie sollten sich mit ihm unter Telefon Weimar 44 33 in Verbindung setzen.«

Und schließlich ist da noch auf der hier ausgiebig zitierten Sonderseite unter der Überschrift BEWEISE ÜBER NAZI-VERBRECHEN IM DEPOT VERMUTET folgendes zu lesen: »Verschwunden sind seit Ende des Zweiten Weltkriegs auch bedeutende Teile des Archivs des Konzentrationslagers Buchenwald. Auch sie könnten in einem der Kellerräume am heutigen Karl-Marx-Platz lagern. Die Akten könnten weiteren Aufschluß über die grausamen Machenschaften im Konzentrationslager vor den Toren Weimars geben. Dort wurden in den Jahren zwischen 1939 [1937 – W. S.] und 1945 mehr als 60 000 Menschen von den Schergen des NS-Regimes ermordet. Doch nicht nur Dokumente sind verschwunden. Auch sechs Tonnen Zahngold ermordeter Häftlinge, das zu großen Platten eingeschmolzen wurde, gelten bis heute als verschollen.« –

Noch lange beschäftigt mich an diesem Abend das soeben Gelesene. Es kostet Mühe, dies in Anbetracht der anstehenden Aufgaben – ich bin wieder einmal in einem geradezu hoffnungslosen Termindruck wegen eines abzuschließenden Manuskriptes – zu verdrängen.

24. Juni 1991: Das Bernsteinzimmer und alles Drumherum wollen mir nicht aus dem Kopf. Ich habe wahrlich genug andere Arbeit, aber ich spüre mit dem mich selten getrogenen alten journalistischen Instinkt, daß es hier bei aller Widersprüchlichkeit um mehr als nur eine Story geht. Natürlich kann man nicht so wie Stadelmann argumentieren: »Wir haben den Nachweis [?], daß es [das Bernsteinzimmer] in Weimar gewesen ist. Da es später nirgends wieder auftauchte, muß es hier geblieben sein.« Und doch ist da ein Gefühl, daß es sich dabei um etwas ganz Großes handelt, fern jeder Effekthascherei ...

Ich krame den schon wiederholt gelesenen Artikel hervor, wähle die angegebene Telefonnummer, spreche erstmals mit einem sich reserviert gebenden Hans Stadelmann und vereinbare einen Termin für den übernächsten Tag.

26. Juni 1991: Seit über dreißig Jahren wohne ich nun bereits in Weimar, aber es gelingt mir nicht auf Anhieb, die Schopenhauerstraße ausfindig zu machen, in der Stadelmann wohnt. So komme ich mit halbstündiger Verspätung zu ihm.

Er empfängt mich dennoch freundlich, ebenso seine kittelbeschürzte Frau, die wie ein guter Geist im Hintergrund agiert. Schon nach den ersten Sätzen erkenne ich, daß dieser sich auf dem Pressefoto so bullig darstellende Mann ein ungemein weichherziger, gutgläubiger Mensch ist, der einzig seiner Familie und der Mission lebt, das unterirdische Geheimnis Weimars zu entschleiern. Bauleiter war er vor drei Jahrzehnten in diesem Bereich des sogenannten Gauforums, hat manche Merkwürdigkeit registriert, gegen vielfältige Widerstände und Drohungen weitergeforscht, wurde schließlich vereinnahmt von Offizieren des DDR-Innenministeriums, die sich im nachhinein als Mitarbeiter der Staatssicherheit entpuppten. Bis in die jüngste Vergangenheit belogen und betrogen und schamlos ausgenutzt – so lerne ich ihn kennen in tiefer Depression, seine selbstgewählte Lebensaufgabe gescheitert zu sehen, der er viele Jahre und alles Ersparte geopfert hat.

Es ist schon ein anrührendes Schicksal, das dieser invalide und doch so energiegeladene Mann in seiner poltrigen, aber unpathetischen Art schildert. Doch nicht Mitleid bewegt mich dazu, ihm meine Partnerschaft anzubieten: Da ist diese mir so vertraute, Berge versetzende Besessenheit von einer Idee, und da ist sein mit Vehemenz vorgetragenes Argument: »Hier hat noch niemand ernsthaft nach der Kochschen Kunstsammlung und dem Bernsteinzimmer gesucht!« So verspreche ich ihm ein gemeinsames Buchprojekt mit dem Arbeitstitel »Das Geheimnis von Weimar« und blocke zugleich bis zum kurzfristig zugesagten Vertragsabschluß alle laufenden Aktivitäten (es haben sich mehrere Zeitungen und Zeitschriften zu »brotlosen« Interviews bei ihm angemeldet) konsequent ab.

Ich sehe dann bei ihm noch das Video des über N 3 ausgestrahlten Bernsteinzimmer-Dokumentarfilms von Remy mit dem nicht gerade ermutigenden Titel »Das Ende einer Legende« und dem halbherzigen, verdeckten Schlußverweis auf Weimar. Als ich schließlich gehe, sagt Stadelmann wie zu sich selbst: »Ich weiß nicht, aber ich habe fast den Eindruck, daß noch alles gut werden könnte!«

27. Juni 1991: Nach Leipzig zurückgekehrt, wo ich mit meiner Familie den eigentlichen Wohnsitz habe, bin ich jetzt im Zugzwang wegen des angekündigten Vertragsabschlusses. Es muß rasch etwas geschehen, und es muß konkret sein – also genau das Gegenteil der bisher gegenüber Stadelmann geübten Hinhaltetaktik seiner Pseudopartner; nur so kann ich meine Glaubwürdigkeit beweisen und ihm die unbedingt erforderliche Rückenstärkung geben. Für den 4. Juli habe ich ein Gespräch mit dem Chef meines Stammverlages Gustav Kiepenheuer Leipzig und Weimar vereinbart. Bis dahin versinke ich in einer Flut von Umbruchkorrekturen für meine beiden Neuerscheinungen zur Frankfurter Buchmesse.

4. Juli 1991: Treffen mit dem Verleger. Ich schildere ihm das Projekt, das auf großes Interesse stößt. Da Verträge halt ihre Zeit brauchen, einigen wir uns zunächst auf einen Brief des Verlages an Stadelmann:

»Ausgehend von Ihrem am 26. 6. 91 geführten Gespräch mit Herrn Wolfgang Schneider bestätigen wir Ihnen hiermit unsere Absicht, eine Dokumentation Ihrer seit vielen Jahren betriebenen Forschungen zu veröffentlichen. Im Interesse eines baldigen Erscheinens (Frühjahr 1992) schlagen wir Ihnen eine Doppelautorenschaft mit unserem auf diesem Gebiet erfahrensten und bewährtesten Autor, dem schon genannten Herrn Schneider vor, der als international ausgewiesener Schriftsteller, Journalist, Diplomhistoriker und Kunstwissenschaftler, nicht zuletzt auch als durch zahlreiche Weimar-Editionen bekannt gewordener Kenner der lokalen Szene geradezu ideale Voraussetzungen für eine erfolgreiche Zusammenarbeit mit Ihnen bietet [...]

Um die Ernsthaftigkeit unseres Interesses am genannten Projekt zu bekräftigen, ist Herr Schneider im Falle vorvertraglicher Einigung befugt, Ihnen eine mit dem künftigen Honorar zu verrechnende Bar-Vorauszahlung in Höhe von DM 3.000,00 zu übergeben, deren Erhalt Sie bitte auf der Kopie dieses Schreibens bestätigen möchten. Die Ausfertigung des Verlagsvertrages erfolgt dann umgehend.«

Bei der auf meine Initiative formulierten Vorauszahlung zuckt der Kiepenheuer-Chef gequält zusammen. Es ist im Grunde genommen eine lächerliche Summe, aber für den gerade in der schwierigen Phase der Reprivatisierung stehenden Verlag eine der vielen unvorhergesehenen Belastungen; ich entschärfe die Situation durch meine Bereitschaft, das Geld privat vorzustrecken. –

Am Abend mache ich mir erstmals Gedanken, wie denn das Buch eigentlich aussehen sollte. Bis auf den Arbeitstitel habe ich noch keinerlei konzeptionelle Vorstellungen, da es mir bislang nur darum ging, den Zugriff auf die Thematik zu sichern. Der Verlag rechnet mit einer bebilderten Dokumentation. Was aber will ich denn dokumentieren? Da gibt es doch schon den umfassenden »Bernsteinzimmer-Report«, den Paul Enke nach jahrzehntelangen, im Endergebnis freilich erfolglosen Recherchen veröffentlichte und dessen 1987 erschienene zweite Auflage ich mir dieser Tage ausgeliehen habe. Vermag aber die ja gar nicht so neue, weil auch schon von Enke verfolgte Spur nach Weimar ein ähnliches Buch zu tragen? In meine anfängliche Euphorie mischt sich Nachdenklichkeit und erstes Erahnen, in welch wacklige Geschichte ich mich kopfüber gestürzt habe. Auf alle Fälle werde ich Stadelmann bitten, mir möglichst rasch eine knappe Zusammenfassung seiner bisherigen Erlebnisse und Ergebnisse niederzuschreiben – vielleicht ergibt sich daraus ein Bild des Machbaren.

9. Juli 1991: Ich habe nachmittags den vereinbarten Termin mit Stadelmann und komme pünktlich wie wohlgerüstet: Blumen für seine Frau, für ihn als ausgeprägten Lokalpatrioten mein gerade erschienenes Buch »Romantische Ansichten von Weimar«, vor allem aber den zitierten Brief des Verlages und dreitausend Mark, die ich zuvor von meinem leidgeprüften Konto abgehoben habe – nicht in den mir angebotenen drei Tausendern, sondern in dreißig nagelneuen Hundertern, die schon etwas mehr hermachen. Er liest das Schreiben, erklärt sich einverstanden, strahlt über das Geld: »Jetzt kann ich endlich weiterarbeiten!« Ich hatte eigentlich damit gerechnet, daß er von naheliegenden, weil nachzuholenden Urlaubsplänen sprechen würde, doch ich kenne ihn wohl noch zu wenig, ihn und seine Besessenheit, die mir Mut macht.

Keine zehn Minuten nach Unterzeichnung des Vorvertrages ruft das ZDF an. Die Kollegen forschen seit längerem in dem weitverzweigten Stollensystem, das die KZ-Häftlinge des Buchenwald-Außenlagers S (Sondervorhaben) III während der Jahre 1944/45 in die Muschelkalkhänge des Jonastals bei Arnstadt treiben mußten; dort sollten ein Führerhauptquartier und Startrampen für V-Waffen entstehen, und dort vermuten die Fernsehleute auch eingelagerte Kunstschätze. Zum Abschluß der Dreharbeiten wollen sie die ihnen bekannt gewordene Weimarer Spur aufnehmen und bitten Stadelmann für die letzte Juli-Woche um ein Interview. Dieser berichtet korrekt von unserer soeben geschlossenen Partnerschaft und macht seine Zustimmung von meiner Anwesenheit abhängig.

Anschließend erzählt er mir ausführlich von letzten Kontakten zu Mitarbeitern des Zentralen Kriminalamtes Berlin, die sich später als Offiziere des Ministeriums für Staatssicherheit erwiesen. Seit 1974 haben sie ihn nicht mehr aus den Fingern gelassen, ihn immer wieder zum Stillschweigen ermahnt, ausgenutzt und hingehalten. Noch am 23. August 1990 wurden bei ihm unter ausdrücklichem Bezug auf eine entsprechende Weisung des damaligen DDR-Innenministers Diestel Dokumente wie Zeichnungen, Fotos und Berichte abgeholt; diese Unterlagen seien über die Zwischenstation des Ministerpräsidenten de Maizière für den Bundesinnenminister Schäuble bestimmt gewesen. Wie Stadelmann hervorhebt, sei ihm gleichzeitig erklärt worden, man habe nun die Gewißheit gewonnen, daß sich auf dem Gelände des Weimarer Gauforums auch das zentrale Depot von Schmuck und sonstigen Kostbarkeiten im Gesamtwert von etwa einer Milliarde Dollar befände, welche die SS vornehmlich jüdischen Familien in zahlreichen europäischen Ländern raubte; in Kürze würde man mit dem »Ausheben« beginnen – da hatten sich die Herren wohl abermals beim Tempo der Entwicklung verkalkuliert!

Abschließend übergibt mir Stadelmann die Kopien einiger wichtiger Dokumente – darunter die Auflistung der im Landesmuseum verbliebenen Reste der Kochschen Kunstsammlung –, die ich noch am selben Abend sorgfältig durchsehe.

10. Juli 1991: Vormittags besuche ich meine »Arbeitsfreundin« Gitta Günther (wir haben schon manches gemeinsame Buch veröffentlicht und etliche weitere geplant) im von ihr geleiteten Weimarer Stadtarchiv. Als ich mein neues Thema schildere, informiert sie mich über eine von ihr gerade entdeckte Inventarliste der Restsammlung Kochs, die am 4. Mai 1946 aus dem Landesmuseum in den Keller der Städtischen Sparbank ausgelagert und dort am 26. August 1947 vom russischen Stadtkommandanten besichtigt wurde. Es handelt sich ausschließlich um Gemälde und Graphiken; über den Verbleib beispielsweise der kostbaren Silberschätze wird nichts erwähnt.

Gitta unterrichtet mich auch von im vergangenen Jahr registrierten Archivbenutzern des Zentralen Kriminalamtes Berlin, die ihr gegenüber ausgeplaudert hätten, daß sich bemerkenswerterweise in den ansonsten akribisch und detailliert geführten privaten Tagebüchern des Weimarer Museumsdirektors Dr. Walther Scheidig weder für den 9. Februar 1945 (Ankunft der Kochschen Kunstsammlung) noch für den 9./10. April 1945 (Abtransport von etwa zwei Dritteln) irgendwelche diesbezüglichen Angaben befänden. Sie verspricht, mir bislang noch ungesichtete Aktenbestände von 1944/45 ebenso zugänglich zu machen wie die Unterlagen, die vor Jahresfrist von den Stasi-Offizieren eingesehen wurden. –

Bevor ich gegen Mittag nach Leipzig zurückfahre, blättere ich noch die »Weimarer Tagespost« von gestern durch. Auf der Titelseite lese ich unter der Überschrift GAUCK-BEHÖRDE SUCHT ERFURTER STASI-AKTEN und deren Unterzeile HOCHBRISANTE UNTERLAGEN IM AUGUST 1990 NICHT AN VERFASSUNGSSCHUTZ WEITERGEGEBEN folgenden Text (Silja Polzin und Ernst-Wilhelm Pape):

»Das hochbrisante Aktenmaterial über Terroristen, Wirtschaftskriminalität und Isolierungslager, das am 31. August 1990 Mitarbeiter des Zentralen Kriminalamtes Berlin (ZKA) in Erfurt beschlagnahmten, ist weder dem Bundeskriminalamt (BKA) in Wiesbaden noch dem Bundesamt für Verfassungsschutz in Köln übergeben worden. Dies haben gestern Sprecher der beiden Bundesbehörden gegenüber der TAGESPOST versichert. Der Direktor beim Sonderbeauftragten für Stasi-Akten (Gauck-Behörde) in Berlin, Hans-Jörg Geiger, will jetzt unverzüglich den Verbleib der Stasi-Akten klären. Notfalls würden gerichtliche Schritte eingeleitet.

Geiger bestätigt gegenüber der TAGESPOST, daß am 31. August 1990 in Erfurt Stasi-Akten übergeben worden seien. Im Übergabe-Protokoll, das der Direktor gestern in Erfurt anforderte, sei der Empfänger verzeichnet. Jede Behörde sei inzwischen aufgrund der Benutzerverordnung verpflichtet, beschlagnahmte Akten zurückzugeben. Geiger: ›Ich kann mir nicht vorstellen, daß sich die Erfurter Akten in Luft aufgelöst haben.‹

Leiter der Aktion im August 1990 war Hauptkommissar Sauer vom ZKA. Sauer gab damals an, daß die beschlagnahmten Akten für eine Spezialabteilung des BKA und den Verfassungsschutz bestimmt seien.

Nach dem Übergabe-Protokoll, das der TAGESPOST vorliegt, hat sich die Kripo-Truppe aus Berlin im August 1990 ›gemäß Verfügung des Generalstaatsanwaltes der DDR vom 24. August 1990‹ folgendes Schriftgut ausgeliehen: unter anderem die Dokumentation der Stasi über die Entführung des 1977 von der RAF ermordeten Arbeitgeberpräsidenten Hans-Martin Schleyer, insgesamt 164 Seiten Unterlagen von Stasi-General Gerhard Neiber sowie Akten über die rechtsextreme ›Wikingjugend‹, die in der Bundesrepublik verbotene KPD, die Marxistisch-Leninistische Partei Deutschlands und Personalakten über Terroristen. Neiber war verantwortlich für die Zusammenarbeit des MfS mit internationalen Terror-Organisationen. Auch die Kartei aller RAF-Terroristen, die von der Stasi in Erfurt mit einer neuen Identität untergetaucht waren, wurde ›ausgeliehen‹.

Gegen den damaligen Innenminister und heutigen CDU-Fraktionsvorsitzenden im Landtag Brandenburgs, Peter-Michael Diestel, hat der frühere Berliner Stasi-Auflöser Werner Fischer wegen der Erfurter Vorfälle Strafanzeige erstattet. Anzeige wird der Erfurter Landtagsabgeordnete Matthias Büchner (Neues Forum) auch gegen Hauptkommissar Sauer vom ZKA erstatten. Die Berliner Staatsanwaltschaft bestätigte gestern, daß in dieser ›heiklen Angelegenheit‹ gegen Diestel ein Ermittlungsverfahren eingeleitet worden sei. Büchner sagte gegenüber der TAGESPOST, Diestel sei 1990 für den Abtransport der Stasi-Akten verantwortlich gewesen.«

Schlagartig kommt mir die Erinnerung, daß Stadelmann gestern über ein kürzlich geführtes Gespräch mit besagtem Büchner geäußert hat, jener habe ihm das mysteriöse Verschwinden Erfurter MfS-Unterlagen geschildert, zu denen auch umfangreiches Material über faschistische Kunstverschleppungen nach Thüringen gehört hätten. Acht Tage zuvor hatten die Herren derselben Firma bei Stadelmann kräftig abgesahnt; der Kreis schließt sich – es ist wie ein Krimi, aber ein schlechter!

11. Juli 1991: Ich sichte noch einmal die mir von Stadelmann übergebenen Unterlagen. Darunter ist ein Schreiben Dr. Scheidigs schon vom 18. April 1944, in dem bezüglich des Landesmuseums hervorgehoben wird: »Dieser Bergungsraum kann nicht als sicher gelten, weil er halb über Straßen-Niveau liegt und weil sein Gewölbe nicht abgestützt ist. Es befinden sich in diesem Raum Kunstwerke von geringerem Wert. Wir haben vor, diesen Schutzraum zu räumen [...]« Und ausgerechnet dort sollten die Millionenwerte der Kochschen Kunstsammlung eingelagert worden sein, zumal in einer Zeit, da Weimar mehrfach von schweren Bombenangriffen heimgesucht und auch das Landesmuseum durch zumindest warnende Zerstörungen betroffen wurde? Gauleiter Koch war ja schließlich kein harmloser Privatmann, und sein ihm eng verbundener thüringischer Amtsbruder Sauckel konnte in den Tiefkellern des unmittelbar angrenzenden Gauforums weitaus sicherere Depoträume zur Verfügung stellen. Irgend etwas stimmt da nicht, und in mir beginnt ein Verdacht gegen die bislang unangezweifelte Aussage Dr. Scheidigs zu keimen.

12. Juli 1991: Beim Frühstück lese ich folgende Pressemeldung: »Regisseur Roland Gräf hat mit den Dreharbeiten zu dem DEFA-Film ›Die Spur des Bernsteinzimmers‹ begonnen [...] Die Story basiert auf den Vorgängen um das legendäre Bernsteinzimmer, das während des Zweiten Weltkrieges von NS-Kunstraub-Kommandos aus Puschkino verschleppt wurde und seit 1944 spurlos verschwunden ist [...] ›Die Spur des Bernsteinzimmers‹ gehört zu den drei ersten Filmen der DEFA Studio Babelsberg GmbH, die hauptsächlich durch Fördermittel des Bundes und der Länder finanziert werden.« Für den Spielfilm, der schon im nächsten Frühjahr in die Kinos kommen soll, wurden 3,7 Millionen DM zur Verfügung gestellt – wäre dieses Geld nicht besser eingesetzt für die Suche nach dem Original? Und was macht man mit einem solchen, gerade fertiggestellten Streifen, wenn sich die Fabel durch eingetretene Realität als völlig blödsinnig erweist? Es wäre mir ein höllisches Vergnügen, diesen Eiertanz mitzuerleben!

13. Juli 1991: Ich werde den Verdacht nicht los, daß Dr. Scheidig, der auch in Paul Enkes »Bernsteinzimmer-Report« nur kurz als Vollzugsperson auftaucht, weit mehr als eine solche gewesen ist. Von meinem alten Freund Helmut Eckardt, langjähriger Chefrestaurator der Weimarer Kunstsammlungen, mit dem ich in meiner Funktion als Ausstellungsautor auf oft abenteuerliche Weise durch mehrere europäische Länder gezogen bin, weiß ich um die Charaktereigenschaften Dr. Scheidigs: Er war weder Nazi noch antifaschistischer Widerstandskämpfer, sondern ein fanatisch seiner Aufgabe als Kunstwissenschaftler ergebener Mann mit internationaler Reputation, auch – und das kannten wohl weder Enke noch andere – »Museumspfleger des Landes Thüringen« und damit oberster Verwalter aller musealen Einrichtungen im »Grünen Herzen Deutschlands«, verantwortlich nicht zuletzt für kriegsbedingte Aus- und Einlagerungen und deshalb kompetenter, gewiß auf »Führer und Vaterland« vereidigter Partner für Sonderaktionen. Sollte ich nicht diese bislang völlig unberücksichtigt gebliebene Spur verfolgen?

14. Juli 1991: Mein jüngster Sohn Alexander kehrt aus einem in Dänemark veranstalteten internationalen Pfadfinderlager zurück. Es war seine erste große Auslandsreise, und so erwarten wir aufregende Berichte. Doch er beginnt mit einer Frage an mich: »Schon mal was vom Bernsteinzimmer gehört?« Ich stehe wie vom Donner gerührt. »Das ist nämlich in Weimar versteckt!« Es klärt sich dahingehend auf, daß zwei Pfadfinder aus der Goethestadt mit von der Partie waren und sich aus derselben Quelle bedient haben wie anfänglich ich. Als ich ihm erkläre, an der Suche beteiligt zu sein, lächelt er mitleidig; das reflexartige Erheben seines rechten Zeigefingers in Richtung Schläfe stoppt er im letzten Moment.

17. Juli 1991: Immer wieder unterbrechen zeitaufwendige Tagesaufgaben mein mich mehr und mehr faszinierendes Engagement in Weimar: Ein Vorwort ist zu formulieren und eine Textauswahl zu treffen, Umbruchkorrekturen sind zu lesen und Interviews zu führen. All dies war bislang eine geradezu beglückende Bestätigung auch über die Wende bewahrter Produktivität und verhieß neue Bücher mit dem eigenen Namen, in deren jungfräuliche Druckerschwärze man sich hineinatmen könnte wie in Rauschgift. Nun aber ist mir solches geradezu lästig geworden, und ich beschließe, bestehende Verträge zu kündigen. Es ist in dieser Zeit der helle Wahnsinn, wie mir alle Schriftstellerkollegen der Ex-DDR bestätigen werden, aber solcher Wahnsinn hat insofern Methode, als ich schon immer etwas entweder gut oder gar nicht machen wollte. Ich werde wohl zumindest über Monate ohne Einkommen und nur von der bescheidenen Substanz leben müssen und bin schon genauso verrückt wie Stadelmann – doch der hat ja wenigstens seine Rente!

23. Juli 1991: Wieder in Weimar, kommt vormittags Stadelmann mit Heinz Eckert zu mir. Dieser war, als blutjunger Bursche gerade aus russischer Kriegsgefangenschaft entlassen, Anfang der fünfziger Jahre Absolvent der im ehemaligen Haus der Parteigliederungen untergebrachten Polizeianwärterschule und macht einen überaus vertrauenswürdigen Eindruck. Stadelmann ist bereits zuvor aufgefallen, daß im gesamten Bereich des Gauforums keinerlei Garagen verzeichnet waren, Zeitzeugen sich aber einer unterirdischen Zufahrt zwischen dem Haus der Parteigliederungen und der Halle der Volksgemeinschaft erinnern. Eckert nun bestätigt, daß sich an nämlicher Stelle – ebenso wie am anderen Ende der Halle – ein drei Etagen tiefer Lastenaufzugsschacht befand, damals jedoch schon ohne Hebebühne; deutlich aber seien noch die vermauerten Eingänge ins Gelände erkennbar gewesen, groß genug, selbst einen LKW aufzunehmen. Ende 1953 erschien dann ein Bautrupp der noch heute existierenden Firma Arno Müller aus Weimar, der vor den ohnehin schon gesicherten unterirdischen Zufahrten starke Stahlplatten anbrachte, die zudem noch mit Beton vergossen wurden. Welchen Sinn sollte dies haben, wenn dahinter nichts verborgen wäre?

24. Juli 1991: Vormittags treffen wir uns in der Ruine des Landesmuseums mit dem ZDF-Team. Die beiden »Bosse«, Franz Fritzke und Halim Hosny, wirken auf mich, als hätten sie die Nacht durchgemacht, sind zögerlich und unentschlossen, wissen scheinbar nicht, was sie wollen. Im Depotraum, der einst die Kochsche Kunstsammlung barg, rasselt Stadelmann schließlich vor der Kamera seinen vereinbarten Vers herunter, später noch einmal auf der Freifläche des Gauforums. Beim folgenden Termin, den ich zwecks Vermittlung historischen Bildmaterials und weiterführender Informationen im Stadtarchiv vereinbart habe, bringen sich die Herren durch überaus arrogantes Gehabe selbst um außerübliche Unterstützung. Peinlichst berührt, klinke ich mich vom weiteren Fortgang aus; später erzählt mir Stadelmann, es habe für dieses Auftreten eine indirekte Entschuldigung gegeben, die mit dem erschöpfenden wie enttäuschenden Einsatz im Jonastal begründet worden sei. Der Film soll dennoch am 1. Oktober dieses Jahres gesendet werden, und man benötigt keine prophetischen Gaben, um voraussagen zu können, daß die Kollegen ihren substantiellen Mißerfolg in ein letztendlich positives Ergebnis umzumünzen verstehen.

25. Juli 1991: Mein alter Mitstreiter Helmut Eckardt besucht mich auf eine Tasse Kaffee. Er hat jahrelang mit Dr. Scheidig zusammengearbeitet und verehrt den inzwischen Verstorbenen noch heute als überaus fähigen Kunstwissenschaftler sowie umsichtigen und zuverlässigen Direktor. Als ich vorsichtig antippe, ob sich Dr. Scheidig wohl auch nach Kriegsende einem möglicherweise aus »Führer und Vaterland« geleisteten Eid verpflichtet gefühlt hätte, bejaht er mit großem Nachdruck.

Erst mal beim Thema, ist Helmut kaum zu bremsen, berichtet fast schwärmerisch von mutigen wie listenreichen Aktionen seines damaligen Chefs, der wie eine Glucke die ihm anvertrauten Kunstschätze behütete und auch anderes Kulturgut über die Wirren der Nachkriegszeit zu retten versuchte. So habe er sich beispielsweise über Jahre hinweg vehement für den Erhalt von außerordentlich wertvollen Privatsammlungen eingesetzt, die dann aber doch in irgendwelchen ausländischen Depots verschwanden. Dies ist für mich ein nachdenklich stimmender Hinweis, daß auch die Siegermächte in weitaus größerem Umfang, als bisher von mir angenommen, an unkontrollierten Kunstverschleppungen beteiligt waren – ein eindeutiger Verstoß gegen die Haager Konvention, die bis heute den Kern gültigen Kriegsrechts bildet.

31. Juli 1991: Dieser Dr. Scheidig geht mir einfach nicht aus dem Sinn. Ich habe inzwischen noch aus anderen Quellen seine eigene ausdrückliche Bestätigung erfahren, daß das Landesmuseum der denkbar ungünstigste Ort für die Einlagerung wertvollen Kunstgutes war. So lese ich beispielsweise in einem Schreiben schon vom 10. Februar 1944, daß hier »Gemälde dritter Wahl« stationiert wurden, und: »Ferner sollen noch weitere Bestände aus dem unsichersten Depot, dem Keller im Landesmuseum, abtransportiert werden.« Und in diesem »unsichersten Depot« – während der nachfolgenden Wochen mehrfach von Brandbombe und Luftminen beschädigt und nur wie durch ein Wunder der kalkulierbaren völligen Zerstörung entgangen – will man die Schätze der Kochschen Sammlung für volle zwei Monate solcher Gefahr ausgesetzt haben? Ich kann es einfach nicht glauben und fresse mich weiter an dieser Spur fest.

1. August 1991: Stadelmann zeigt mir die unterirdischen Anlagen des Hauses der Parteigliederungen. Die erste Kelleretage ist wie ein normales Geschoß, bei dem die von Haupt- und Nebengängen rechts und links abzweigenden Räume zugänglich sind. Wir steigen eine weitere Treppe hinab, und ich erlebe ein geradezu gespenstisches Bild: Nur noch die endlos lang erscheinenden Korridore, zu beiden Seiten von durchgehenden und mit mysteriösen Zahlenkombinationen versehenen Zementwänden begrenzt, die dahinter gelegenen und durch die Bauzeichnung ausgewiesenen Räumlichkeiten fugenlos versperrt; Versorgungsleitungen führen hinein, und man würde sich nicht wundern, dort nach einem halben Jahrhundert noch das Licht brennen zu sehen. Gleiches auch in der dritten unterirdischen Etage, schließlich ein noch weiter hinabführender Tiefkeller mit erkennbarem, aber vermauertem Stollen zur Halle der Volksgemeinschaft.

Apropos Stollen: Vor einer reichlichen Woche habe ich mir während der Dreharbeiten des ZDF vom Landesmuseum aus den mit einer Ziegelwand verschlossenen Durchgang zur ersten Kelleretage des Hauses der Parteigliederungen angesehen. Heute nun bitte ich Stadelmann, mir die andere Seite dieser unterirdischen Verbindung zu zeigen. Als der Lichtkegel seiner Lampe auf die Mauer fällt, stehen wir für einen Moment wie erstarrt – sie ist durchbrochen! Dies kann wohl kaum etwas anderes bedeuten, als daß sich irgend jemand von der unbewachten Ruine des Landesmuseums aus gewaltsam Zutritt zu den ansonsten gesicherten, nur mit Genehmigung zugänglichen Kellergeschossen des angrenzenden Gebäudes verschafft hat. Stadelmann informiert sofort den Hausmeister und verspricht, die ominöse Angelegenheit im Auge zu behalten. –

Nachmittags bin ich wieder im Stadtarchiv, das mir schon seit Jahren so etwas wie ein zweites Weimarer Zuhause ist. Gitta Günther kann sich leider nicht mehr erinnern, welche Aktenbestände die angeblichen Kriminalisten 1988 und 1990 in dieser Sache eingesehen haben. Aber sie hat eine funktionierende Benutzerkartei. Ich zähle ein gutes halbes Dutzend Namen auf, die mir Stadelmann genannt hat. Bei dreien wird sie fündig und erhält dadurch die gesuchten Signaturen. Während meines nächsten Besuchs werde ich das Material sichten.

Als ich mit Stadelmann gegen Abend telefoniere, um ihm diesen Erfolg zu vermelden, kann er mich noch übertrumpfen: Ein Herr Oberholz vom Union-Pressehaus in Düsseldorf – in dieser Einrichtung sind alle CDU-Medien gebündelt – hat angerufen und großes Interesse für unsere Arbeit bekundet, von der er durch die ZDF-Kollegen unterrichtet wurde. Er verfolgt seit fast einem Jahr die Spur des Bernsteinzimmers im Erzgebirge und verfügt über einen ansehnlichen Trupp von Spezialisten, darunter Sprengstoffexperten sowie Pioniere der Bundeswehr. Stadelmann hat mit ihm einen Gesprächstermin für den 15. August vereinbart.

2. August 1991: Heute fahre ich nach Leipzig zurück; ich bin dort für die ganze nächste Woche mit Restarbeiten an einem anderen Manuskript, das längst abgeschlossen sein sollte, ausgebucht.

13. August 1991: Erneut in Weimar angekommen, steige ich mit Stadelmann in die Keller des jenseits der Straße gelegenen Hauses der Arbeitsfront hinab. Auch hier der gleiche gespenstige Eindruck zuzementierter Räume, nur noch viel bedrückender, und das nicht etwa, weil ich auf tote Ratten trete. Ich sehe den schmalen, steil nach unten führenden Seitenzugang zum Gebäude; nach 1945 sollen über diese Treppe von der Sowjetischen Militäradministration des Landes Thüringen (SMATh), die ja das gesamte Gelände des Gauforums besetzt hatte, Hunderte von Vernehmungshäftlingen heruntergeschafft worden und spurlos verschwunden sein. Stadelmann bringt es auf den Punkt, als er eine hohl klingende Bodenplatte bestampft: »Das ist ein Sargdeckel!«

Abends lese ich in der Tagespresse von einer jüngsten Menschenverschleppung durch den KGB; im gesamten Bundesgebiet, vor allem aber in Thüringen, seien »erhöhte Aktivitäten des sowjetischen Geheimdienstes zu beobachten«. Worauf habe ich mich nur eingelassen – dies ist ja schon kein Zweifrontenkrieg mehr, wenn man die Stadelmann erreichenden Drohanrufe aus allen möglichen rechten und linken Ecken berücksichtigt!

14. August 1991: Stadelmann berichtet zusammenfassend von einer Flut an ihn gerichteter Briefe und Telefonate auf eine am 28. Juli veröffentlichte Reportage in der »Hessischen/Niedersächsischen Allgemeinen«, die etwa den gleichen Inhalt wie jene in der »Weimarer Tagespost« hatte, welche mich zwei Monate zuvor in die Spur brachte. Er freut sich vor allem wie ein Kind auf das Erlebnis, bald ein Stück des legendären Bernsteinzimmers in der Hand halten zu können: Ein Anrufer aus Kassel hat mitgeteilt, das 1941 im Katharinen-Palais als private »Kriegsbeute« erlangte kleine Ornament noch heute zu besitzen.

15. August 1991: Gegen Mittag kommt Andreas Oberholz vom Union-Pressehaus in Düsseldorf, ein jungenhaft-sympathisch wirkender Mitdreißiger, zum vereinbarten Gespräch bei Stadelmann an. Nach kurzer Einstimmung fahren wir in das Objekt, besichtigen die Kelleretagen des Hauses der Parteigliederungen und – auch für mich erstmalig – der gegenüberliegenden Gauleitung. Es gibt dort ähnliche Eindrücke wie schon gehabt, doch fasziniert im Turm zusätzlich ein riesiger, fast die gesamte Grundfläche einnehmender und mehrere Etagen hoher Betonklotz, der nachträglich eingebaut wurde und für dessen Funktion es keinerlei Erklärungen gibt, zumal er auch noch mit einem nur für Außenwände üblichen teerigen Isolierungsanstrich versehen ist – ein schwarzes Geheimnis, eine Art Weimarer Kaaba.

Oberholz zeigt sich nicht sonderlich beeindruckt, äußert beim nachfolgenden Gespräch in meiner Arbeitswohnung, er habe schon heißere Spuren erlebt. Mir kommt dies und weiteres wie ein taktisch bewußtes Herunterspielen vor, zumal er auch noch uns kleine Dummchen mit düster gemalten Gefahren zu erschrecken versucht: Uralt-Seilschaften von SS und SD hätten ebenso ihre Finger im Spiel wie der KGB und die Immer-noch-Stasi, dazu kämen militante Schatzsucher-Profis und nicht minder rücksichtslose Boulevard-Journalisten – es sei ein Spiel auf Leben und Tod. Ich will dies gar nicht so absolut in Abrede stellen, nehme sogar die von ihm ausgesparten westlichen Geheimdienste noch mit hinein, doch erscheint mir seine Darstellung einfach zu aufgesetzt und theatralisch.

Wir einigen uns dennoch auf gegenseitige Information und das Respektieren der abgesteckten »Claims«: er das Erzgebirge, das ZDF das Jonastal, wir Weimar. Auf seine Frage nach möglicher Unterstützung nenne ich unser Hauptproblem, hier ohne jede offizielle Anbindung als halbverrückte Hobby-Schliemanns zu gelten und vom Wohlwollen der jeweiligen Hausmeister abhängig zu sein, die Gebäude überhaupt nur betreten zu dürfen. Er verspricht einen raschen, dies verändernden Kontakt zum Weimarer Magistrat und zur thüringischen Landesregierung, zumal ja beide wie seine eigene Pressefirma CDU-geführt seien.

16. August 1991: Abends treffe ich mich auf der sommerlichen Terrasse des Nobel-Hotels »Elephant« mit meinem Freund und ehemaligen Kollegen Uwe Jentzsch. Er ist vor vielen Jahren, da ich noch Abteilungsleiter einer thüringischen Tageszeitung war, als mein Assistent in den Journalismus eingestiegen und hat sich bei der Deutschen Presse-Agentur (dpa) zum nunmehrigen Sportchef von Thüringen hochgeschrieben. Wir haben uns während dieser ganzen Zeit ein herzliches, ja familiäres Verhältnis bewahrt.

Der Ober hat alle Hände voll zu tun, um unserem Bierdurst zu entsprechen. Auf Uwes Frage nach meiner momentanen Arbeit fällt das Stichwort »Bernsteinzimmer«, das ihn sofort mobilisiert. Er hat 1988 in Dresden einen Baron Eduard von Falz-Fein aus Vaduz in Liechtenstein als damaligen Kassenprüfer des Internationalen Bobsportverbandes kennengelernt, der ihm im Hotelzimmer stundenlang vom persönlichen Erleben dieses einmaligen Kunstwerkes vorgeschwärmt, seine jahrzehntelangen Bemühungen zur Wiederauffindung geschildert und ihn gebeten hätte, ihm jeden Hinweis darauf unbedingt mitzuteilen. So klein ist unsere ach so große Welt und von solchen Zufällen bestimmt! Uwe erklärt sich bereit, den Kontakt nach Liechtenstein herzustellen.

Mein Freund schildert mir noch, der aus Rußland stammende Baron habe schon vielfach auf internationalen Auktionen kostbare Kunstgüter zurückgekauft und seiner eigentlichen Heimat übereignet. Zum Abschluß des Abends bringt Uwes liebe Frau Uschi die ihm mit persönlicher Widmung zugeeignete Familiengeschichte derer von Falz-Fein; ich werde sie mit großem Interesse lesen.

Als wir uns lange nach Mitternacht verabschieden, meint der mich von früher her kennende schnauzbärtige Kellner, mir ob der Höhe der Zeche wie des Trinkgeldes noch eine besondere Referenz erweisen zu müssen, die er in die sicher nicht böse gemeinte, mit sonorer Baßstimme vorgebrachte Frage kleidet: »Und an welchem *Machwerk*, Herr Schneider, arbeiten Sie jetzt?«

17. August 1991: Auf der Rückfahrt nach Leipzig lese ich in der heutigen »Thüringischen Landeszeitung« die Meldung: »Der 1000. Benutzer des Stadtarchivs war gestern der Weimarer Autor Wolfgang Schneider. Rekordjahr war bisher das Jubiläumsjahr 1975, als Weimar 1000 Jahre alt geworden war. Damals hatten etwas über 1000 Benutzer im ganzen Jahr den Weg ins Stadtarchiv gefunden. Schneider arbeitet an der Neuherausgabe von Eduard Vehses ›Der Hof zu Weimar‹. Das Buch wird im Herbst im Kiepenheuer Verlag erscheinen.« Dies war wirklich keine frisierte Statistik, doch stimmt freilich eines nicht, daß ich nämlich am längst abgeschlossenen Manuskript des genannten Titels gearbeitet hätte! –

Abends ruft der wie immer verläßliche Uwe Jentzsch an. Er hat mit dem Baron telefoniert, der meine persönliche Kontaktaufnahme erbittet und beiläufig erwähnt hat, die Firma Coca Cola habe bereits vor Jahren eine Fundprämie von einer Million Dollar für das Bernsteinzimmer ausgesetzt. Uwe ist einverstanden, mich auf einer möglichen Fahrt nach Liechtenstein vermittelnd zu begleiten.

18. August 1991: Schon den ganzen Tag versuche ich, den Baron zu erreichen, scheitere aber bereits an der stets besetzten Vorwahl. Zwischendurch lese ich in seiner Familiengeschichte jenes abenteuerlich-schillernde Schicksal, das nach dem Siebenjährigen Krieg in der zweiten Hälfte des 18. Jahrhunderts eine entscheidende Wende erfuhr. Damals setzte sich der württembergische, zum Militär gepreßte Bauernsohn Johann Fein gegen einen ihn drangsalierenden Leutnant zur Wehr, indem er ihm sein Bajonett in den Leib rammte. Nach geglückter Flucht gelangte er in den Süden Rußlands, wo die aus Deutschland stammende Zarin Katharina II. um Ansiedler für unbewohnte Steppengebiete bemüht war. Aus kleinsten Anfängen wurde die Auswandererfamilie über Generationen zu einem der größten Grundbesitzer, verfügte schließlich über rund eine halbe Million Morgen Land, bewohnte bis 1917 ein weißes Schloß am Schwarzen Meer und stiftete nicht zuletzt einen der bedeutendsten, bis heute unter dem Namen »Askania Nova« fortbestehenden Freilandzoos der Welt, über den Professor Grzimek urteilte: »Ein wahres Paradies für Tiere unseres Jahrhunderts!« –

Gegen Mitternacht habe ich nur noch den einen Wunsch: das dämliche Telefon an die Wand zu knallen!

19. August 1991: Ich habe morgens keine Nachrichten gehört, sondern mich gleich nach dem Frühstück zu einer Besprechung in den Verlag begeben. Dort empfängt mich die Information vom Staatsstreich in der Sowjetunion. Was ich erfahre, macht mich überaus betroffen: Gorbatschow gestürzt, ein Notstandskomitee mit Altstalinisten aus Partei, Armee und Geheimdienst an der Macht – die Konsequenzen sind unausdenkbar. Wie wird sich die Situation beispielsweise auf den vereinbarten Truppenabzug aus den fünf neuen Bundesländern auswirken? Und ist nicht eine weitere Aktivierung des hiesigen KGB zu befürchten? –

Den Baron in Liechtenstein habe ich noch immer nicht erreicht.

20. August 1991: In der Sowjetunion ist die Lage nach dem Staatsstreich noch immer unübersichtlich, wenngleich der erstaunlich wachsende Widerstand der demokratischen Volkskräfte unter Führung des russischen Präsidenten Boris Jelzin einen Hoffnungsschimmer auf das noch gute Ende verheißt. –

Abends rufe ich Uwe Jentzsch an und bitte ihn, nach meinen bisher vergeblichen Versuchen, Liechtenstein telefonisch zu erreichen, nun von Weimar aus mit dem Baron zu sprechen und einen Termin für unser Kommen zu vereinbaren; auch habe ich mich inzwischen erinnert, daß Falz-Fein im Dokumentarfilm »Das Ende einer Legende«, dessen Video ich während meines ersten Besuchs bei Stadelmann gesehen habe, persönlich auftritt.

21. August 1991: Nach zwei langen wie bangen Tagen endlich die erlösende Nachricht vom Scheitern des Putsches in der Sowjetunion – es ist eine wahre Sternstunde der Demokratie!

22. August 1991: Uwe Jentzsch meldet sich mit der Information, er habe den Baron bisher nicht erreichen können, da dieser unmittelbar nach Ausbruch des Putsches in seine angestammte, ihm noch immer eng verbundene Heimat gereist sei; in etwa einer Woche werde er zurückerwartet.

23. August 1991: Ich rufe Stadelmann an, um ihn zu informieren, daß ich die kommende Woche in Weimar bin. Er berichtet, Oberholz habe ihn dieser Tage während eines Telefonats dringend davor gewarnt, in nächster Zeit alleine die Keller des Gauforums zu betreten. War dieser Hinweis eine Reaktion auf den Ausbruch des Putsches in der Sowjetunion und die zu erwartenden KGB-Aktivitäten, oder soll damit die Stadelmannsche Betriebsamkeit vorerst aus taktischen Gründen gebremst werden?

24. August 1991: Ich betrüge meine Familie schon wieder um ein Wochenende, denn ich habe mir – für Oberholz wie für andere offizielle Zwecke, nicht zuletzt aber auch zum eigenen Selbstverständnis – die knappe Formulierung des bisherigen Standes unserer Ermittlungen vorgenommen. Es soll eine ganz objektive Bilanzierung sein.

25. August 1991: Die THESEN ZUM VERBLEIB DER KOCHSCHEN KUNSTSAMMLUNG UND DES BERNSTEINZIMMERS IN UNTERIRDISCHEN DEPOTS DER STADT WEIMAR stehen:

»1. Es gilt als erwiesen, daß das Bernsteinzimmer entgegen früheren Aussagen beim Bombenangriff auf Königsberg im August 1944 *nicht* vernichtet wurde (siehe beispielsweise die Mitteilung Dr. Alfred Rohdes, Direktor der Städtischen Kunstsammlungen Königsberg, vom 2. September 1944, ›daß das Bernsteinzimmer bis auf sechs Sokkelplatten erhalten geblieben ist‹).

2. Am 12. Januar 1945 informierte Dr. Rohde das Städtische Kulturamt über das Verpacken des Bernsteinzimmers in Kisten und andere Behältnisse; es stand ab 15. Januar zum Abtransport bereit.

3. Zwischen dem 18. und 30. Januar wurde die vor allem aus russischen Museen, Kirchen und Schlössern zusammengeraubte private Kunstsammlung des Gauleiters von Ostpreußen, Erich Koch, aus Königsberg evakuiert. Da Koch im Oktober 1941 die Verschleppung des Bernsteinzimmers aus dem Katharinen-Palais in Zarskoje Selo organisiert und seitdem ständig dieses einmalige Kunstwerk unter Kontrolle hatte, liegt es sehr nahe, daß dem Transport seiner Privatsammlung auch das Bernsteinzimmer angegliedert wurde; Koch selbst hat in polnischer Haft mehrfach auf den untrennbaren Zusammenhang des Verbleibs beider Kunstschätze hingewiesen, den Ort der Einlagerung aber aus verständlichen Gründen verschwiegen, da dies gehütete Geheimnis seine beste Lebensversicherung war.

4. Die Kunstsammlung von Koch traf am 9. Februar 1945 in Weimar ein und wurde im dortigen Thüringer Landesmuseum deponiert; in einer vom damaligen Direktor Dr. Walther Scheidig überlieferten Aufstellung, die ausdrücklich nur einen Bruchteil des Gesamtbestandes erfaßte, ist von auffallend vielen silbernen Kerzenleuchtern und -armen, teilweise mit Bernsteinbesatz, die Rede (insgesamt rund hundertfünfzig), die der nach historischen Fotos rekonstruierten Anzahl des Bernsteinzimmers verblüffend nahekommen.

5. Die Einlagerung der Kochschen Kunstsammlung (und damit wahrscheinlich auch des Bernsteinzimmers) in Weimar entsprach der damaligen Vorstellung, daß Thüringen als ›Trutz- und Restgau‹ des ›Tausendjährigen Reiches‹ den Krieg überdauern würde und unwiederbringbare Schätze der Weltkultur als Faustpfand dienen könnten. Schon seit

Anfang 1944 war deshalb anstelle der ursprünglich vorgesehenen bayerischen Berge das ›Grüne Herz Deutschlands‹ als Standort für das letzte Führerhauptquartier und die Befehlsstellen der wichtigsten Reichsministerien verplant worden. Dabei kam Weimar als Landeshauptstadt von Thüringen und Sitz der NS-Gauleitung – nicht zuletzt wegen der zentralen, verkehrsgünstigen Lage an Auto- und Eisenbahnfernstrecken sowie am nur sechs Kilometer entfernten Flugplatz Nohra – eine besondere Bedeutung zu. Für die Nutzung der Goethestadt als Kunstdepot sprach auch die Spekulation, die Alliierten würden die weltberühmten Klassikerstätten vor Bombardierungen verschonen, zumal es in Weimar selbst keine Rüstungsbetriebe gab.

6. Interessant erscheint in diesem Zusammenhang auch ein Geheimtreffen Kochs mit dem Hauptorganisator des faschistischen Kunstraubs, Martin Bormann, am 24. März 1945 in Berlin und an den beiden folgenden Tagen zwischen Bormann und dem Gauleiter von Thüringen, Fritz Sauckel; Bormann selbst war im Februar/März 1945 drei- bis viermal und letztmalig Anfang April 1945 in Weimar.

7. Weimar ist also der letzte nachweisbare Standort der Kochschen Kunstsammlung (und damit wahrscheinlich auch des Bernsteinzimmers), die vom 9. Februar bis 9. April 1945 im Landesmuseum eingelagert war. Ein angeblicher Abtransport von zwei Dritteln der Güter am 9./10. April 1945 erscheint angesichts der militärischen Lage (Einkreisung durch die III. US-Armee unter General Georges S. Patton, dem am 12. April 1945 die Stadt kampflos übergeben wird) höchst unwahrscheinlich. Zu diesem Zeitpunkt waren die amerikanischen Panzerspitzen im Süden auf der Autobahn schon bis zum Magdalaer Berg vorgestoßen und hatten im Norden bereits Buttstädt umgangen. Die wenigen nicht zerbombten Straßen waren

hoffnungslos verstopft durch Flüchtlingstrecks und Häftlingstransporte vom und zum Konzentrationslager Buchenwald (sogenannte Todesmärsche), überdies ständigen Tieffliegerangriffen ausgesetzt. Es stellt sich auch die Frage, warum die Kunstschätze, die doch volle zwei Monate in Weimar deponiert waren, erst zu diesem späten und gefahrvollen Zeitpunkt abtransportiert worden sein sollen – zumal im folgenden zu belegen ist, daß ein Verbergen vor Ort unauffälliger und sicherer als irgendwo sonst erfolgen konnte.

8. Das Landesmuseum grenzt unmittelbar an einen riesigen Baukomplex, für den am 1. Mai 1937 der Grundstein gelegt wurde. Die Anregung zu diesem sogenannten Gauforum kam von Hitler höchstpersönlich, der auch eigenhändig in den architektonischen Entwurf von Professor Herman Giesler eingriff; das Modell dieses gigantomanischen Ensembles wurde der internationalen Öffentlichkeit auf der Pariser Weltausstellung präsentiert. Die vier Gebäude, die ein Karree bilden, waren als Haus der Parteigliederungen, als Halle der Volksgemeinschaft (mit fünfzehntausend Plätzen), als Gauleitung und als Haus der Arbeitsfront bestimmt. Als im Juli 1943 die Baumaßnahmen kriegsbedingt eingestellt wurden, waren das Haus der Parteigliederungen und die Gauleitung weitgehend, das Haus der Arbeitsfront teilweise und die Halle der Volksgemeinschaft im Rohbau fertiggestellt; letztere wurde 1945 durch Bomben schwer beschädigt. Die bis zu hundertsiebenundfünfzig Meter langen und sechsunddreißig Meter breiten Gebäude sind zwei bis drei Etagen tief unterkellert; Tiefkeller reichen noch weiter hinab. Wie für die Ewigkeit errichtet, umschließen die Bauten eine fußballfeldgroße Rasenfläche, die ursprünglich als Festplatz für sechzigtausend Menschen geplant war. Die gesamte Anlage bietet – wie nachfolgend darzustellen ist – geradezu ideale Möglichkeiten zum Verbergen von Kunstgut.

9. Sämtliche Gebäude einschließlich des Landesmuseums, in dem nachweisbar die Millionenwerte der Kochschen Kunstsammlung (und damit wahrscheinlich auch das Bernsteinzimmer) eingelagert waren, sind miteinander durch unterirdische Stollen verbunden. Die Ein- und Ausgänge sind jedoch vermauert, wobei Bauweise und Material (unverwechselbare Mauerziegel aus der 1945 stillgelegten SS-eigenen Ziegelei in Berlstedt) darauf schließen lassen, daß diese Arbeiten noch vor Kriegsende von Buchenwald-Häftlingen verrichtet wurden. – Warum wurden die Stollen vermauert, was befindet sich darin?

10. Es ist bekannt, daß zu den zweiten und dritten Kelleretagen der Gebäude nur hohe und höchste SS-Chargen Zutritt hatten. Steigt man heute hinunter, bietet sich ein geradezu gespenstisches Bild: Während in der ersten Kelleretage die von Haupt- und Nebengängen abzweigenden Räume voll zugänglich sind, gähnen hier nur die endlos scheinenden Flure, begrenzt von durchgehenden, fugenlos vergossenen Zementwänden; Versorgungsleitungen führen in die dahinter gelegenen Räume, die auch in den vorliegenden Original-Bauplänen eingezeichnet sind. – Was verbirgt sich in diesen rund hundert zuzementierten Kellergelassen mit einer Gesamtfläche von mehreren tausend Quadratmetern?

11. Es gibt eine Fülle weiterer bautechnischer Ungereimtheiten, zum Beispiel vermauerte Treppenaufgänge, die nirgends zu enden scheinen und in keiner Bauzeichnung zu finden sind. Der Turm der ehemaligen Gauleitung birgt einen riesigen, fast die gesamte Grundfläche einnehmenden und mehrere Etagen hohen Betonklotz, der nachträglich eingebaut wurde und für dessen Funktion es keinerlei Erklärungen gibt. – Sollte dies ein überdimensionaler Tresor sein?

12. Rätsel gibt auch die erwähnte Rasenfläche zwischen

den Gebäuden auf. Bei den Nachforschungen wurde festgestellt, daß im gesamten Baukomplex keinerlei Garagen verzeichnet sind. Zeitzeugen erinnern sich aber an eine unterirdische Zufahrt zwischen dem Haus der Parteigliederungen und der Halle der Volksgemeinschaft. Ein Absolvent der Anfang der fünfziger Jahre im Haus der Parteigliederungen untergebrachten Polizeianwärterschule schilderte, daß sich an nämlicher Stelle ein drei Etagen tiefer Lastenaufzugsschacht befand, damals jedoch schon ohne Hebebühne. Deutlich waren aber noch die großen vermauerten Eingänge ins Gelände erkennbar. Ende 1953 erschien ein Bautrupp – aber nicht etwa, um die unterirdischen Zufahrten freizulegen: Die Arbeiter brachten vielmehr vor den ohnehin zugemauerten Öffnungen starke Stahlplatten an, die miteinander verschweißt und anschließend noch mit Beton vergossen wurden. – Welchen Sinn ergibt eine solche aufwendige Sicherung (zumal in einer Zeit, da um jeden Nagel gekämpft werden mußte!), wenn dahinter nichts verborgen ist?

13. Es ist auch bekanntgeworden, daß unter dieser Freifläche des Gauforums ein Führerbunker (Deckname ›Werner‹) zumindest geplant war. Fest steht jedenfalls, daß nach dem offiziellen Baustopp ab Juli 1943 bis Kriegsende ein ständiges Arbeitskommando von sechzig bis achtzig Buchenwald-Häftlingen im Objekt eingesetzt war; die Gefangenen, die täglich zehn bis zwölf und mehr Stunden zu arbeiten hatten, wurden anfangs jeweils morgens an- und abends abgefahren, seit Beginn des Jahres 1945 aber in der Gauleitung behalten und dort in einem Kellergang zusammengepfercht. Der Umfang ihrer unterirdischen Einsätze muß erheblich gewesen sein, denn noch im Februar 1945 führte eine Feldgleisbahn zum Materialtransport an der Ostseite des Gebäudes in die zweite Kelleretage. Für die Anlegung eines Bunkers in diesem Freiflächenabschnitt

gab es ideale Bedingungen durch den unterirdisch verlaufenden neuen Asbachkanal, der das schwierige Problem der Luft- und Wasserzu- sowie der Abwasserabfuhr löste. Eine am 26./27. Mai 1990 angestellte seismische Untersuchung des Geländes durch das Prüfamt für Grundbau, Bodenmechanik und Felsmechanik der Technischen Universität München sondierte im vermuteten Bereich in neun bis zehn Meter Tiefe eine starke Betondecke!

14. Überhaupt scheint die gesamte Rasenfläche durch ein förmliches Stollensystem unterminiert zu sein. Neben den bereits erwähnten Verbindungsgängen zwischen den einzelnen Gebäuden konnten zahlreiche weitere Zugänge ins Gelände festgestellt werden, die aber alle vermauert beziehungsweise zubetoniert sind. Nicht unerwähnt bleiben soll in diesem Zusammenhang auch der mit Baubeginn 1937 totgelegte alte Asbachkanal, der mit einer Höhe von 4,15 und einer Breite von 2,80 Meter das gesamte Gelände in etwa zehn Meter Tiefe durchquert und ebenfalls als riesiges Depot hätte genutzt werden können.

15. Für alle vorstehend genannten Angaben liegen verläßliche Dokumente und Zeitzeugen-Aussagen vor; weiterführende Details wurden aus wohl verständlichen Gründen ausgespart. Als Fazit ergibt sich, daß hier eine Vielzahl von im wahrsten Wortsinn ›bombensicheren‹ Möglichkeiten vorhanden war, die Kochsche Kunstsammlung (und damit wahrscheinlich auch das Bernsteinzimmer) sowie andere Wertgegenstände (es fehlen beispielsweise fünf bis sechs Tonnen eingeschmolzenes Zahngold aus dem faschistischen Konzentrationslager Buchenwald) unterirdisch zu verbergen. Vieles deutet also mit hoher Wahrscheinlichkeit darauf hin, daß hier, wo bisher noch nie gezielt geforscht wurde, längst verlorengeglaubte Schätze der Weltkultur doch noch auffindbar sind. Es bedarf jedoch einer organisierten Sucharbeit, für deren Ablauf

konkrete Vorstellungen bestehen, und des Einsatzes moderner Technik, wobei zu berücksichtigen ist, daß die unterirdischen Depots möglicherweise sprengtechnisch gesichert sind.« –

Diese knappe Zusammenfassung erscheint mir nach nochmaligem Durchlesen als logisch und überzeugend. Die einzige Schwachstelle ist die unter Punkt 7. genannte Behauptung, ein Abtransport der Kochschen Kunstsammlung am 9./10. April 1945 sei aufgrund der militärischen Lage »höchst unwahrscheinlich« gewesen. Unwahrscheinlich schon, aber nicht unmöglich; denn ich habe bei der Aktendurchsicht auch feststellen müssen, daß die Weimarer Kasernen erst am 8., 9. und 10. April 1945 evakuiert wurden – und die Truppen sind wohl schwerlich nur mit leichtem Handgepäck ausgerückt! Auch habe ich im Stadtarchiv den handschriftlichen Bericht des damaligen Oberbürgermeisters Otto Koch zur kampflosen Übergabe Weimars an die US-Truppen gelesen, in dem es heißt: »Die Amerikaner hatten sich offensichtlich am Mittwoch, 11. 4., nachmittags an die Stadt herangearbeitet, zum Teil nach Gerüchten sie in Höhe der Reichsautobahn schon überflügelt [...] Um 17 Uhr hatte sich der Kreisleiter Schössler mit seinem Stab im Schloßhof, wo wir die tägliche Besprechung an diesem Tage abhielten, an der er aber nicht mehr teilgenommen hatte, mit dem Bemerken verabschiedet, er habe Nachricht, daß Weimar schon fast ganz von Amerikanern umstellt sei, nur noch die Seite nach Jena sei offen [...]« Es gab also selbst am 11. April 1945 noch Fluchtwege – warum eigentlich sollten dann an den beiden Vortagen die Kunstschätze des Gauleiters Koch nicht tatsächlich abtransportiert worden sein? Hatte sich dies aber wirklich so zugetragen, wie von Dr. Scheidig dargestellt, brauchen wir hier gar nicht erst anzufangen, nach dem Bernsteinzimmer zu suchen.

Es sind quälende, verunsichernde Fragen, auf die es keine Antwort gibt.

26. August 1991: Kaum in Weimar angekommen, beginne ich im Stadtarchiv mit der Sichtung der bisher noch nicht benutzten Akten von 1944/45, die mir Gitta Günther ebenso bereitgelegt hat wie die von den »Kriminalisten« 1988 und 1990 eingesehenen Unterlagen. Es ist ein stattlicher Berg von insgesamt etwa zweieinhalb Meter Höhe, den ich abzutragen habe.

27. August 1991: In Rekordzeit habe ich die Aktendurchsicht im Stadtarchiv abgeschlossen, die bis auf einige interessante Details insgesamt wenig ergiebig war. Ich schwanke, ob ich mir noch die Mühe machen soll, weitere Unterlagen im Staatsarchiv einzusehen – sie sind doch alle schon mehrfach gesichtet worden und können theoretisch kaum Neues oder gar Sensationelles enthalten. Ich weiß auch nicht so recht, wonach ich eigentlich suche, und werde zumindest kein Eingeständnis Dr. Scheidigs finden, hinsichtlich des Abtransports der Kochschen Kernsammlung die Unwahrheit gesagt zu haben. Überhaupt: Dieser Tage las ich in einem schon vor Monaten veröffentlichten, mir aber erst jetzt zur Kenntnis gelangten Artikel über das Bernsteinzimmer, die Fahndungsgruppe der Stasi habe in dieser Sache seit 1975 etwa hundertachtzigtausend Blatt Akten angelegt und fast achthundert Personen befragt. Und ausgerechnet ich sollte da im Alleingang fündig werden? Es ist entmutigend und die Chance geringer als auf einen Fünfer im Lotto. Dennoch gebe ich meine Bestellung in der mir nachgesagten Stierköpfigkeit beim Staatsarchiv ab. –

Am späten Nachmittag will ich mir noch Kopien einiger Unterlagen anfertigen lassen. Um Aufsehen zu vermeiden, wähle ich die alteingesessene Firma Stempel-Rabe, bei der ich noch nie Kunde war. Der Chef persönlich erledigt den Auftrag. Als ich beim Herausgehen bin, fragt er mir hinterher: »Wird das Ihr nächstes Buch, Herr Schneider?«

28. August 1991: Ein Wunder ist geschehen, etwas Unmögliches wahr geworden: Ich habe den unwiderlegbaren Beweis, daß Dr. Scheidigs Behauptung, zwei Drittel der Kochschen Kunstsammlung seien am 9./10. April 1945 aus Weimar evakuiert worden, eine ganz bewußte Falschaussage war!!! Ich kann es noch nicht fassen und habe Angst, aus einem Traum zu erwachen!

Doch der Reihe nach: Vormittags besuche ich unlustig das Staatsarchiv. Meine Laune bessert sich erheblich, als ich in einem Spezialkatalog entdecke, daß hier der gesamte geordnete Aktenbestand zum Gauforum lagert; es sind etwa fünfeinhalb laufende Meter, darunter tausendachtundsechzig Baupläne und -zeichnungen – Stadelmann wird in den nächsten Wochen nicht über mangelnde Arbeit zu klagen haben! Dann erhalte ich die Akte »Thüringisches Volksbildungsministerium«, dem Dr. Scheidig unterstand. Der eingeklebte Benutzernachweis nennt für 1982 Dr. Paul Enke, den Autor des umfassenden »Bernsteinzimmer-Reports«. Also wieder nichts zu holen, denke ich und überfliege mehr mit Routine die einzelnen Dokumente. Manche sind recht interessant, so ein Schreiben Dr. Scheidigs vom 7. April 1945 an den Minister für Volksbildung, dem er mitteilt, »daß bei dem Angriff vom 31. März 1945 das Landesmuseum durch eine Luftmine, die vor die Nordfront fiel, schwer beschädigt wurde [...] Die Haupttreppe ist gebrochen, die Granitstufen sind vom Druck zerbrochen und in die Höhe gehoben. Alle Räume nach der Nordseite sind mehr oder weniger zusammengestürzt [...] In dem nach Süden gelegenen Gewölbe, in dem sich noch einige weniger wichtige Kunstwerke befinden, sind keine Schäden entstanden.«

Erstmals erfahre ich von solchen schweren Zerstörungen, hieß es doch bislang allgemein, der im wahrsten Sinne des Wortes ruinöse heutige Zustand des Landesmuseums sei ausschließlich auf empörende Vernachlässigung seit 1945 zurückzuführen. Ich habe indes die Akte bereits weitergeblättert, als in meinem Kopf plötzlich eine rote Lampe zu blinken beginnt. Gleichzeitig steigt aus der Magengegend ein schwer beschreibbares Gefühl auf, das den Puls erst stocken, dann beschleunigen läßt. Noch einmal lese ich das soeben zitierte Dokument ... Ja, das ist es, was ich die ganze Zeit unbewußt zu finden gehofft habe! Es ist unfaßbar, bedarf aber wohl einer Erläuterung:

Dr. Scheidig hat am 9. Februar 1945 die Kochsche Sammlung in Empfang genommen und sie nach eigenen Angaben bis zum vorgeblichen Abtransport am 9./10. April 1945 im Depotraum des Landesmuseums eingelagert – jenem »nach Süden gelegenen Gewölbe«, von dem im letzten Satz des obigen Zitats die Rede ist. Wie wohl kein anderer mußte der international ausgewiesene Kunstwissenschaftler um die Millionenwerte des übernommenen Bestandes wissen. Und dann schreibt er am 7. April 1945, zudem noch auf den 31. März bezogen, also Tage *vor* der vermeintlichen Auslagerung der zu diesem Zeitpunkt noch kompletten Sammlung, dort hätten sich lediglich »einige weniger wichtige Kunstwerke« befunden?! Die logische Folgerung ist eindeutig.

Von Stadelmann weiß ich, daß die Stasi Dr. Scheidig in zahllosen Vernehmungen der vermuteten Lüge zu überführen versucht hat – doch vergeblich. Was ist ihm erspart geblieben durch den Umstand, daß in deren Köpfen keine rote Lampe zu blinken begann! Für mich aber ist dieser schon sensationell zu bezeichnende Nachweis der letzte Baustein meiner von Anfang an vertretenen, auf ähnlichen Überlegungen Stadelmanns basierenden Hypothese:

Die Deponierung der Kunstschätze in Weimar war langfristig und bis ins Detail vorbereitet worden. Am 9. Februar 1945 kam der Transport am Landesmuseum an und wurde vom Hausherrn Dr. Scheidig in Empfang genommen. Die Einlagerung erfolgte im Keller des Gebäudes, was auf den ersten Blick um so unverständlicher erscheint, da Dr. Scheidig mehrmals zuvor diesen Standort als das »unsicherste Depot« bezeichnet hatte und noch am selben Tag der Ankunft das Dach des Hauses durch einen schweren Luftangriff beschädigt wurde. Dies stärkt die Annahme, daß das Kunstgut unmittelbar nach Eintreffen geteilt worden ist: Während die entsprechend gekennzeichneten wertvollsten Stücke in unterirdisch erreichbare, selbst schwersten Bombardements trotzenden Bergungsräumen der Nachbarschaft verlagert wurden, blieb der weniger bedeutende Rest im Landesmuseum und diente als Alibi für die gewiß nicht unbeobachtete Entladung der Transportfahrzeuge. Die Umlagerung konnte mit Hilfe von Buchenwald-Häftlingen erfolgen, die im angrenzenden Gelände eingesetzt waren und nach Vollzug mit Sicherheit als Mitwisser liquidiert wurden.

Nach Kriegsende mußte Dr. Scheidig eine plausible Erklärung über das Verschwinden des Hauptteils der eingelagerten Kunstgüter abgeben. Da er sich nicht mit Bombenschäden herausreden konnte (der Keller des Landesmuseums war unversehrt geblieben), verkündete er im Mai 1945: »Am 9. und 10. April 1945 wurden ungefähr 2/3 der […] Gegenstände […] mit Lastkraftwagen mit Schweizer Hoheitszeichen abgeholt und nach unbekanntem Ort verlagert.« Mein unwiderlegbarer Beweis, daß es sich dabei um eine bewußte Falschaussage handelt, läßt eigentlich nur den logischen Schluß zu, daß die nie wieder aufgetauchten Kunstschätze an Ort und Stelle in unterirdischen Depots verborgen sind. –

Heute ist Goethes Geburtstag. Die neue und alte Prominenz feiert ihn in Anwesenheit der deutschen, französischen und polnischen Außenminister am fast in Steinwurfnähe von mir gelegenen Frauenplan. Ich hingegen hole mir noch ein Bier aus meiner kreuzgewölbten Küche und beglückwünsche mich in vertrautem Alleinsein zum gehabten Erfolg.

29. August 1991: Oberholz bestätigt telefonisch den Empfang der »Thesen« und die Absendung eines Briefes an den Weimarer Oberbürgermeister, in dem dieser vom Chefredakteur des Union-Pressehauses Düsseldorf gebeten wird, Stadelmanns und meine Erkundungen zu unterstützen. Zugleich signalisiert er seine Absicht, uns am kommenden Sonntag mit einer neuartigen Vier-Meter-Sonde zu besuchen, und bittet um entsprechende Vorbereitung im Objekt. Ich vereinbare mit Stadelmann eine Absage, über die ich morgen mit der Begründung, daß die Gebäude feiertags nicht zugänglich sind, fernmündlich informieren werde – mir ist dieses plötzliche Engagement einfach zu suspekt!

30. August 1991: Stadelmann berichtet, daß gestern eine mit Kameras und technischem Gerät ausgerüstete Gruppe unter dem Vorwand, Mitarbeiter von ihm zu sein, versucht hat, Zugang zu den Kellern des Hauses der Parteigliederungen zu erlangen; als dies verwehrt wurde, habe man größere Geldsummen für die Information geboten, auf welche Stellen sich seine bisherige Suche konzentriert hätte.

31. August 1991: Uwe Jentzsch hat mit Baron von Falz-Fein in Liechtenstein telefoniert und sich dessen Einverständnis mit unserem Kommen erklären lassen; als Termin vorgesehen wird – da Uwe in den nächsten reichlich drei

Wochen dienstlich voll ausgelastet ist – der 27./28. September 1991, der unsererseits noch kurzfristig zu bestätigen wäre.

1. September 1991: Abendlicher Anruf von Oberholz. Nach vierzehnstündigem Einsatz habe er den Suchort Ohrdruf (dort befand sich ein berüchtigtes Außenlager des KZ Buchenwald) endgültig aufgegeben. Nunmehr blieben nur noch sein geliebtes Erzgebirge und unser Weimar, wobei er einräumt, im letzteren sei doch wohl der »größere Brokken« zu vermuten. Wir würden in Kürze konkrete Konsequenzen erfahren, sollten aber unbedingt darauf achten, daß sich zwischenzeitlich keine illegalen Suchtrupps betätigen könnten, die nach verläßlichen Informationen schon auf der Lauer lägen.

2. September 1991: Stadelmann kommt zu mir, und wir bilanzierten die Lage. Ich bitte ihn um sein Einverständnis, fortan sämtliche offiziellen Verhandlungen auch in seinem Namen eigenverantwortlich führen zu können. Er bestätigt und sagt: »Bin Baumensch, kann unten rumkriechen, alles andere überlasse ich Ihnen; bin froh und glücklich, einen solchen Partner gefunden zu haben!« –

Am späten Nachmittag ruft Oberholz an: Er möchte sich in unser Buchprojekt beim Gustav Kiepenheuer Verlag einbringen. Ich verwehre diese Absicht unter Hinweis auf den persönlichen Charakter der gewählten Tagebuchform.

3. September 1991: Der Zug nach Leipzig hat erhebliche Verspätung, die auch das Taxi vom Bahnhof nicht aufzuholen vermag. Als ich endlich zu Hause ankomme, empfängt mich meine Frau Kristina mit verweinten Augen – sie hatte Angst, mir sei etwas zugestoßen.

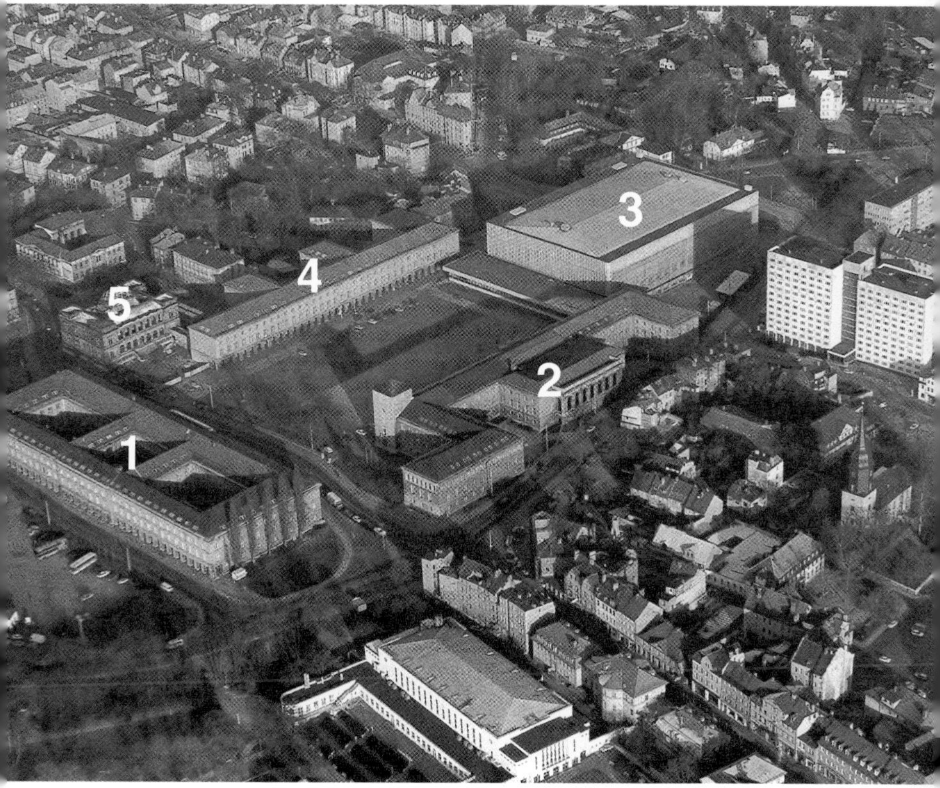

1 Gauforum in Weimar (1 Haus der Arbeitsfront, 2 Gauleitung, 3 Halle der Volksgemeinschaft, 4 Haus der Parteigliederungen mit 5 Landesmuseum)

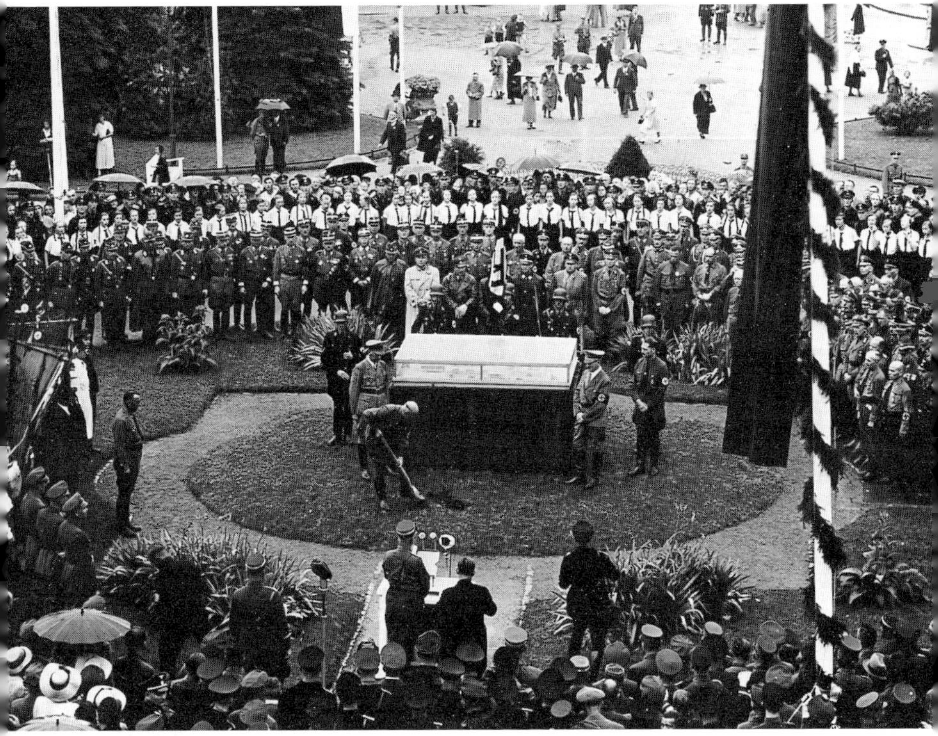

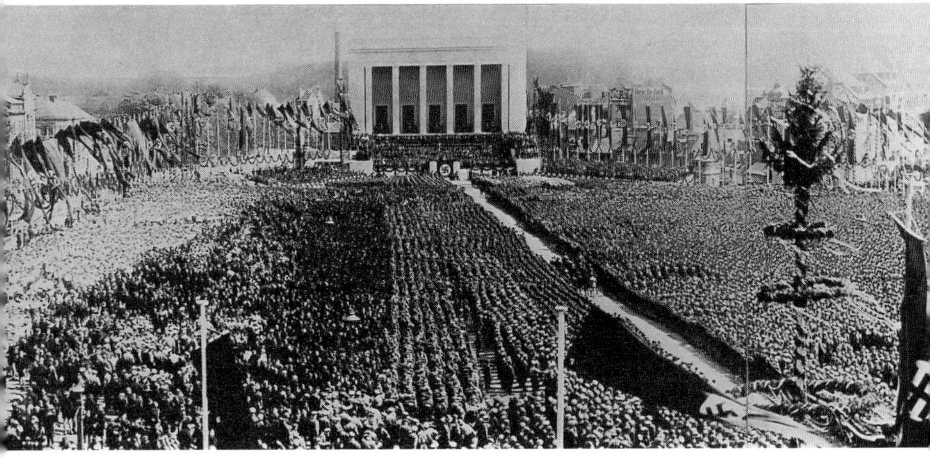

2 Erster Spatenstich für das Gauforum am 4. Juli 1936; vor dem Modell (grabend) der thüringische Gauleiter und Reichsstatthalter Fritz Sauckel, rechts Adolf Hitler und neben ihm sein Stellvertreter Rudolf Heß

3 Grundsteinlegung für das Gauforum am 1. Mai 1937 durch Rudolf Heß; die Halle der Volksgemeinschaft im Hintergrund ist eine nur zu diesem Anlaß errichtete Attrappe

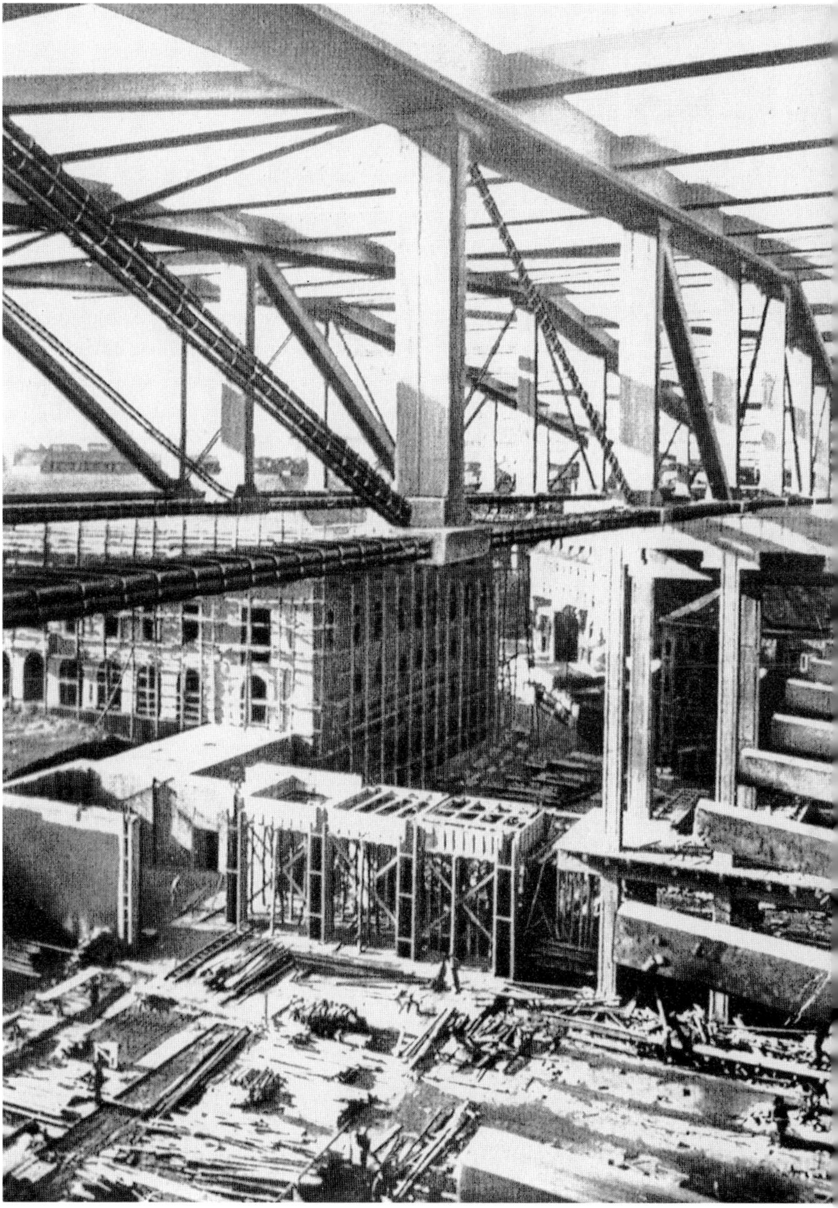

4 Halle der Volksgemeinschaft im Bau; das historische Foto von 1940 zeigt die tiefe Unterkellerung im Bereich der Krypta

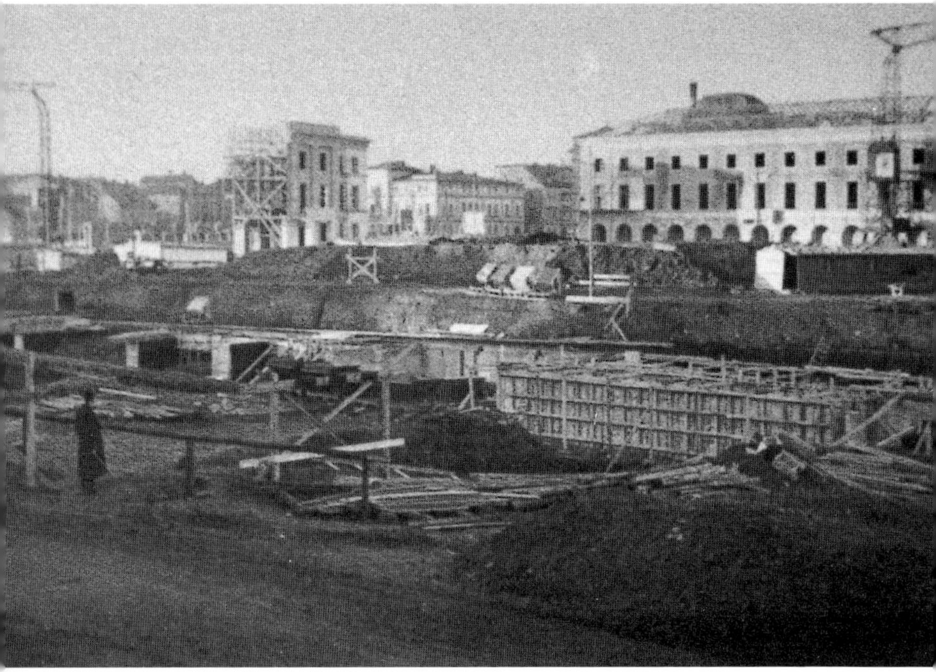

5 Umfangreicher Bauvortrieb unter der heutigen Freifläche des Gauforums; historisches Foto von 1938

Rechte Seite:

6 Grundriß der Krypta unter der Halle der Volksgemeinschaft

7 Privat finanzierte Vermessung des Gauforums mit Längstwellen-Radiometrie: Oben der wie ein Gebirgsmassiv aufragende Bereich der Halle der Volksgemeinschaft, rechts davor markante Pegelerhöhungen, die zwei in sechs Meter Tiefe und fünf Meter Abstand voneinander stehende Stahlbetonmauern von fünfunddreißig Metern Länge nachweisen – vermutlich der unterirdische Eingang zur Krypta; das obenstehende historische Foto (Abbildung 5) belegt diese Annahme, ist doch im vorderen Bereich der Baugrube eine typische Betoneinschalung der genannten Länge erkennbar

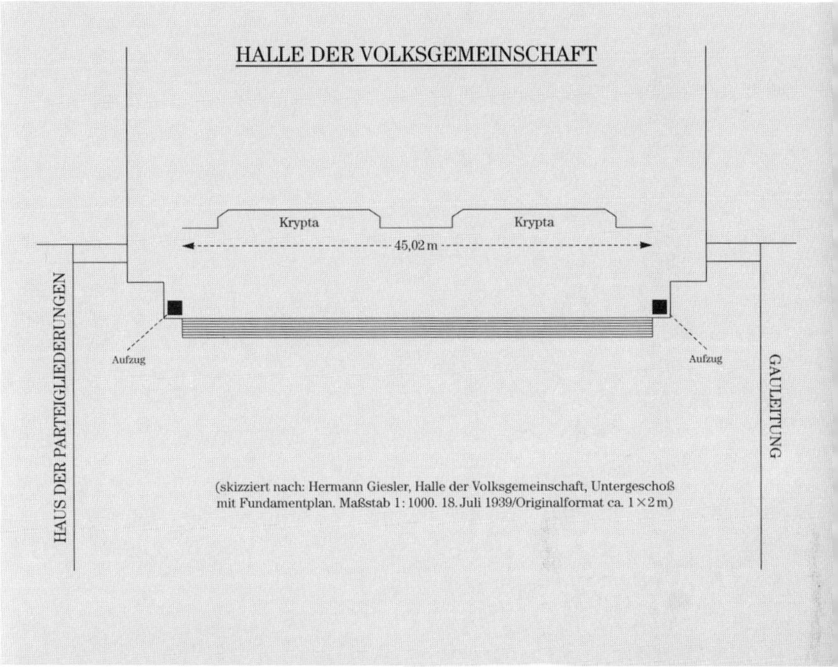
HALLE DER VOLKSGEMEINSCHAFT
Krypta
Krypta
45,02 m
Aufzug
Aufzug
HAUS DER PARTEIGLIEDERUNGEN
GAULEITUNG
(skizziert nach: Hermann Giesler, Halle der Volksgemeinschaft, Untergeschoß mit Fundamentplan. Maßstab 1 : 1000. 18. Juli 1939/Originalformat ca. 1×2 m)

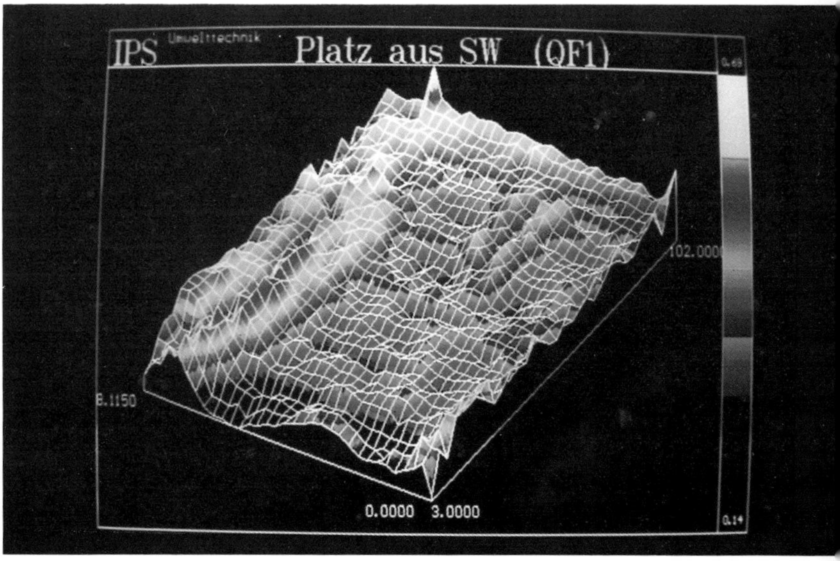
IPS
Umwelttechnik
Platz aus SW (QF1)
102.000
0.0000
3.0000
0.14

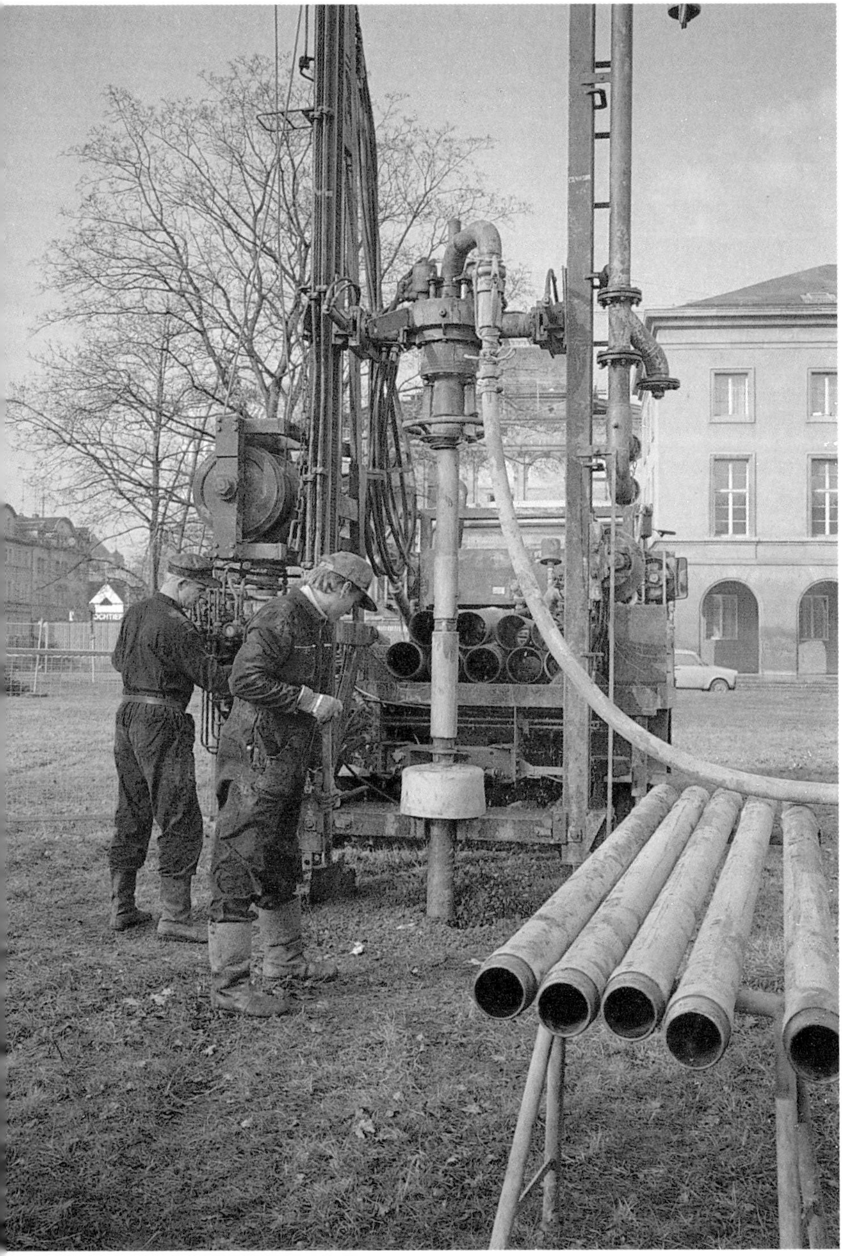

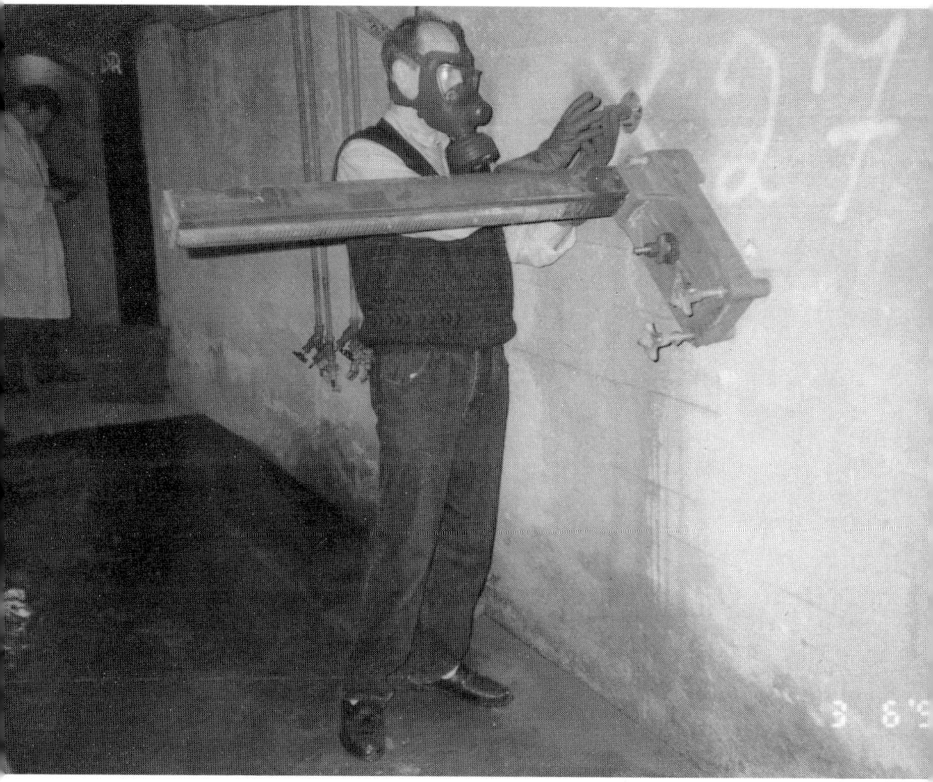

8/9 März 1992: Fragwürdige Elf-Stunden-Suchaktion der thüringischen Landesregierung in den Außen- und Innenräumen des Gauforums

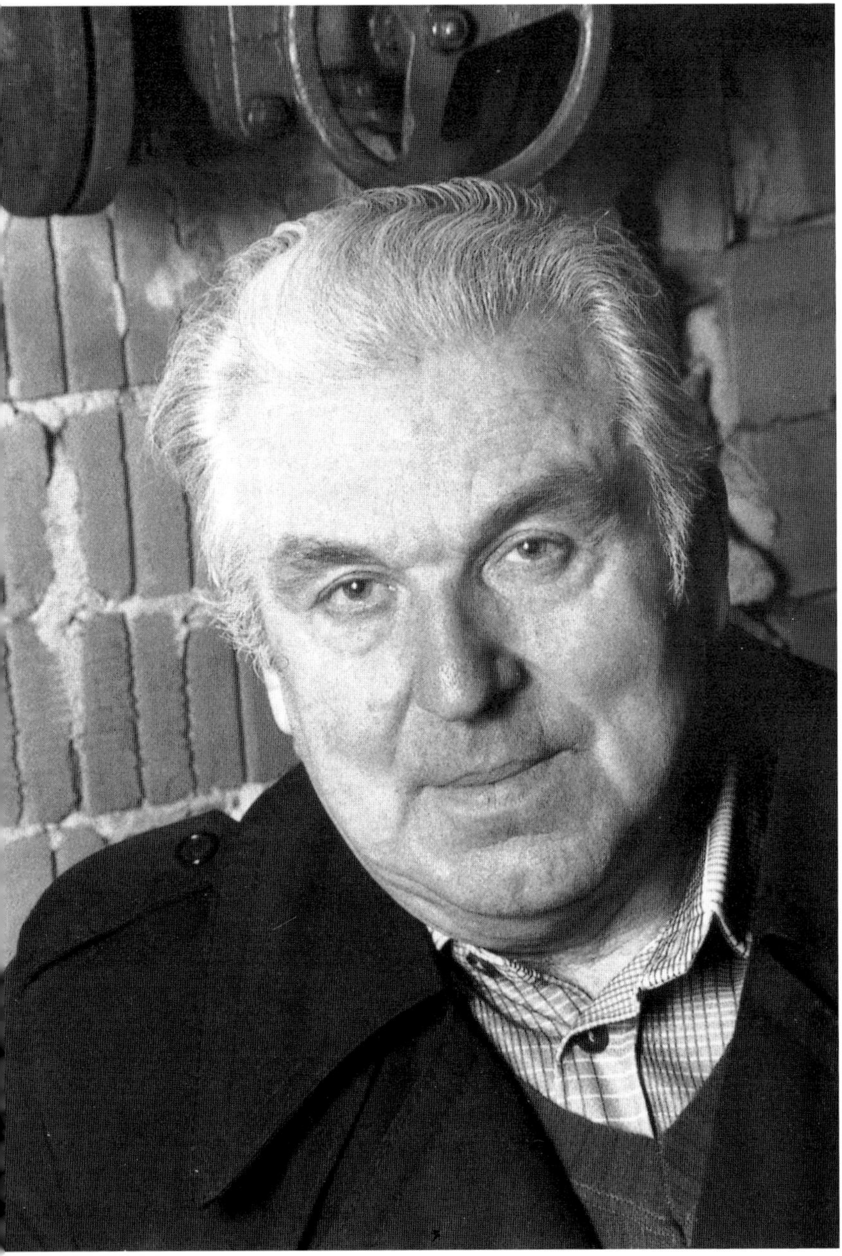

10 Hans Stadelmann

4. September 1991: Ich lebe nicht in Furcht, aber seit Monaten in ständiger zermürbender Spannung, die ich in mich hineinfresse. Ich gelte zwar allgemein als hart im Nehmen, doch sind auch meine Reserven nicht unerschöpflich.

6. September 1991: Oberholz, der zwischenzeitlich mehrfach angerufen und nie versäumt hat, ein düsteres Bild persönlicher Gefährdung im Sinne der von der Boulevard-Presse seit geraumer Zeit konstruierten »Todesspur des Bernsteinzimmers« zu orakeln, kündigt seinen Weimar-Besuch für den 10. September an; mit ihm ist ein leitender Vertreter des dieser Thematik seit langem eng verbundenen Norddeutschen Rundfunks aus Hamburg zu erwarten.

10. September 1991: Mit der Pünktlichkeit einer Quarzuhr erscheint Oberholz zum vereinbarten Termin bei mir. Wir besprechen einige grundsätzliche Fragen künftiger Zusammenarbeit und fahren dann zum Gauforum, wo uns Stadelmann und Jürgen Drossart von der Hauptabteilung Zeitgeschehen des NDR erwarten. Letzterer ist ein erfahren und clever wirkender Journalist, der seine zurückhaltende Kompetenz auch nach der Ortsbesichtigung in der bei mir fortgesetzten Diskussion unterstreicht. Ich informiere ob ausdrücklich zugesicherter Partnerschaft über die Scheidigsche Falschaussage und kann mir die Bosheit nicht verkneifen, Oberholz das entsprechende Dokument selbst lesen zu lassen. Er übersieht natürlich den entscheidenden Satz, reagiert aber auf den erklärenden Hinweis geradezu euphorisch.

11. September 1991: Oberholz und Drossart bekräftigen, hier in Weimar, wo noch nie gezielt gesucht wurde, zum größten und aufwendigsten, wenn auch letzten Versuch bereit zu sein, das Bernsteinzimmer oder anderes zu bergen. Die von mir angemahnte Option, bei der thüringischen Landesregierung das ausschließliche »Schürfrecht« zu erwirken, wird akzeptiert, neuerlich aber nicht darauf verzichtet, unheilschwangere Gefahren für alle am Projekt Beteiligten zu malen; man habe sich beispielsweise davon überzeugen können, daß Stadelmann beschattet würde.

14. September 1991: Längst wieder in Leipzig, schreibe ich abends die ersten Manuskriptseiten dieses Buches in die Maschine. Als neuen Arbeitstitel wähle ich »Wie wir das Bernsteinzimmer fanden« – muß ich ihn ändern?

16. September 1991: Ich habe gerade Kristina zum Bahnhof gebracht, für die sich ein Lebenstraum erfüllt: Sie fährt zu einem fast vierwöchigen, stipendiengestützten Arbeitsaufenthalt nach Arles in der Provence. Ich nehme ihr liebes Gesicht noch einmal in meine Hände – und bin dann wieder allein, so wie schon vor zwei Jahren in jenen entscheidenden Tagen, da sich von Leipzig aus die Wende in unserem Land, Deutsche Demokratische Republik genannt, vollzog und Kristina zu einer langjährig erkämpften Studienreise in Kuba war. Ich gönne ihr alles von Herzen, habe ja auch je zwei Kinder und Katzen um mich – doch mit wem kann ich reden? –

Nachmittags ruft Oberholz aus Düsseldorf an. Er berichtet vom heute gehabten telefonischen Kontakt mit dem Büro des Oberbürgermeisters in Weimar und sehr nachdrücklicher Betonung des im Brief vom 29. August dargestellten Anliegens. Vor allem aber bittet er mich, unbedingt auf Stadelmann einzuwirken, sich in den nächsten Wochen jeder öffentlichen Aktivität zu enthalten; er bezieht sich dabei insbesondere auf ein am Abend des 11. September in der Wohnung Stadelmanns mitgehörtes Telefonat mit einem Herrn S. aus Karlsruhe, das eine unverhohlene Drohung darstellte, nicht mehr an die vergangenen Dinge zu rühren. Er habe sich inzwischen kundig machen können, daß dies sehr ernst zu nehmen sei.

Ich telefoniere abends mit Stadelmann und gebe ihm, ohne auf Einzelheiten einzugehen, die nachdrücklichst formulierte Warnung weiter. Er akzeptiert, kann es aber nicht lassen, mir Erfolgsmeldungen seiner zwischenzeitlichen Forschung lautstark zu signalisieren. Ich breche ab und kündige meinen voraussichtlich nächsten Weimar-Besuch für die zweite Wochenhälfte an.

17. September 1991: Nachmittags wieder Telefonat mit Oberholz, der die schwerfällig-schludrige Arbeitsweise des Weimarer Magistrats beklagt. Vom Pressesprecher sei lediglich zu erfahren gewesen, daß sich der Oberbürgermeister dunkel des Schreibens vom 29. August erinnere, es aber für unwichtig gehalten habe. Was ist das für ein Stadtoberhaupt, das nicht die geradezu einmalige Chance erkennt, seine Kommune international weiter aufzuwerten, mit welch unfähigen Mitarbeitern muß er sich umgeben haben, daß nicht wenigstens sie ihn in vielzitierter »Bürgernähe« darauf aufmerksam machen, wie breit das Echo innerhalb der Einwohnerschaft auf diesbezügliche Veröffentlichungen in Zeitung und Rundfunk war und ist! Oberholz teilt mit, das Union-Pressehaus habe ein scharf gehaltenes Telefax nachgeschoben.

Dann erkundigt er sich, ob ich die Warnung an Stadelmann weitergegeben habe, und bekräftigt noch einmal, daß dessen Telefonanschluß abgehört wird. Was weiter folgt, ist eine unerfreuliche, weil sehr geheimnis- und wichtigtuerische Aneinanderreihung von dunklen Andeutungen und Prognosen, die er uns zumindest gegenwärtig nicht näher erläutern könne. Mir schwillt im nachhinein der

Kamm ob solch dümmlicher Frechheit. Was bildet sich denn dieser Mensch eigentlich ein, uns zu Klippschülern zu degradieren?! Wenn wir Partner sein wollen, muß er – wie Stadelmann und ich es tun – ehrlich Farbe bekennen und zu seinem Wort stehen, muß Informationen austauschen und nicht versuchen, uns wie kleine Idioten zu behandeln und taktischen Wechselbädern auszusetzen; dagegen bin ich allergisch bis cholerisch.

Ich werde Oberholz beim nächsten Ferngespräch sehr nachdrücklich die »Gretchenfrage« stellen, ob er sich nun in Weimar – und wenn ja – wie und wann beteiligen will. Ich denke nicht daran, mich über Wochen oder gar Monate hinhalten zu lassen, zumal seine von ihm mehrfach betonte »politische Absicherung« ja bisher noch nicht einmal über das Vorzimmer des Oberbürgermeisters hinaus-, geschweige denn in das des thüringischen Finanzministers hineingereicht hat. Wohlweislich habe ich meinen für Ende des Monats vereinbarten Termin mit dem in Frage kommenden Privatsponsor, Baron Eduard von Falz-Fein in Liechtenstein, noch nicht abgesagt; es wäre eine Alternative.

18. September 1991: Am frühen Nachmittag kommt der erwartete Anruf von Oberholz. Er bittet mich, anschließend gleich mit dem darauf vorbereiteten Pressesprecher des Weimarer Magistrats, Joachim Vogel, Kontakt aufzunehmen. Zunächst aber mache ich mir im Sinne der gestrigen Verärgerung Luft. Oberholz versucht zu beschwichtigen, bezeichnet sich und NDR-Drossart als gegenwärtig einzige verläßliche Schiene zum Erfolg und verspricht schon für die nächste Woche nähere Informationen und Entscheidungen; auch sei die von mir angemahnte Verbindung zum thüringischen Finanzminister »in Arbeit«. Mein Beharren auf dem Treffen mit dem ausländischen Sponsor nimmt er nicht gerade mit Begeisterung zur Kenntnis.

Dann telefoniere ich mit Vogel, der sein rasches Bemühen zusichert, mir Zugang zu den aus bautechnischen Gründen ausgelagerten Akten der Kunstsammlungen zu verschaffen. Wir vereinbaren, daß er das Ergebnis seiner diesbezüglichen Gespräche dem in häufiger Verbindung zu mir stehenden Stadtarchiv mitteilt.

Unmittelbar darauf informiere ich die Stadtarchivarin Gitta Günther über die obige Absprache. Sie willigt zudem sofort in meine Bitte ein, Stadelmann unter dem Vorwand, noch ein interessantes Foto für ihn gefunden zu haben, ins Archiv zu bestellen, um für mich ein Treffen mit ihm am selben unverfänglichen Ort für den 26. September zu vereinbaren. Dies klingt zwar etwas nach Hintertreppe, doch sind mir die Warnungen zu massiv, um sie in den Wind zu schlagen.

Im Verlauf des Nachmittags ruft Oberholz noch zweimal an; es geht um Belanglosigkeiten, und ich nehme als wirklichen Grund das Bemühen, den – im wahrsten Wortsinn! – Draht zwischen uns zu stabilisieren.

19. September 1991: Abermaliger Anruf von Oberholz. Er eröffnet das Gespräch mit der Frage: »Ist Ihr ins Auge gefaßter Sponsor [ich habe den Namen bisher verschwiegen] der Baron Eduard von Falz-Fein aus Liechtenstein?« Als ich verblüfft bejahe, macht er mich auf eine in der heutigen Ausgabe der Hamburger ZEIT abgedruckte Rezension jener Dokumentation aufmerksam, die der ehemalige Enke-Lektor Günter Wermusch unter dem Titel »Die Bernsteinzimmer-Saga« zur Frankfurter Buchmesse vorlegt. Ich begebe mich sofort auf den Weg, kaufe das renommierte Wochenblatt und lese unter anderem:

»Unwiderlegt steht noch immer die Aussage der Berliner Kunsthistorikerin Margarete Kühn gegenüber der ZEIT, das Bernsteinzimmer sei ins Thüringische gebracht worden, also dorthin, wo auch Gauleiter Koch seine zusammengeraubten Schätze bringen ließ. Auf Thüringen konzentrierte sich dann auch in den letzten Jahren eine kleine Fahndungsgruppe der Stasi, allen voran der Ostpreuße Paul Enke, dem die Suche nach dem Bernsteinzimmer zum Lebenszweck geworden war. Als ›Offizier im besonderen Einsatz‹, angesetzt auf im Krieg verschollene ausländische und deutsche Kunstgüter, hatte er sich 1975 an seine Kollegen bei der Stasi um Hilfe gewandt [...] Geld spielte bei diesem Großprojekt keine Rolle: Enke konnte jederzeit Pioniere der Nationalen Volksarmee, technische Spezialisten und hochmodernes Gerät anfordern, wenn sich wieder eine neue Spur aufgetan hatte. Nur zu gern hätte Stasichef Mielke seinen russischen Freunden die wertvolle Fundsache präsentiert. Im Laufe der Jahre wurden in der ehemaligen DDR rund 130 Stollen, Seen, Klüfte, Schloßverliese und Gutskeller durchsucht, durchtaucht oder durchwühlt.

Enkes Bruder im Geiste auf der anderen Seite der deutsch-deutschen Grenze, der Landwirt und Privatforscher Georg Stein, ein gebürtiger Königsberger und Mitarbeiter der ZEIT, hatte solche großartigen Möglichkeiten nicht [...] Für sein Privathobby gab er seinen ganzen Hof daran; zuletzt finanzierte ihm der Baron Eduard von Falz-Fein aus Liechtenstein seine Expeditionen.

Falz-Fein, Ukrainer deutscher Herkunft, ein Kunstfreund, hat schon mehrmals Kunstschätze, die aus der Sowjetunion stammen, im Westen zurückgekauft und wieder in ihre Heimat geschafft. Vor zwanzig Jahren hatte er einen lockeren Bernsteinzimmer-Klub gegründet, dem Kriminalschriftsteller wie Simenon und Semjonow und britische Journalisten und Geheimdienstler angehörten; später stießen Enke und Stein dazu [...] Dann betrat ein neuer Schatzsucher die Bühne: der junge Münchner Journalist

Maurice Philip Remy, dessen sehenswerter anderthalbstündiger Film über das Bernsteinzimmer (»Das Ende einer Legende«) Ende Dezember 1990 über die Bildschirme flimmerte. Falz-Fein unterstützte seine anderthalbjährigen Untersuchungen und öffnete ihm die Türen zu sowjetischen Archiven.«

Abschließend hebt der Rezensent (Karl-Heinz Janßen) hervor: »Die Legenden sind [...] noch nicht tot. Zum Beispiel hat man die gesprengten Stollen des geplanten Führerhauptquartiers ›Olga‹ im Jonastal bei Arnsberg [Arnstadt – W. S.] oder die vierstöckigen Bunker der Gauleitung Weimar unter dem Karl-Marx-Platz wegen der riesigen Kosten noch nicht untersucht. Selbst Remy hält es für möglich, in Weimar könnten Teile des Bernsteinzimmers liegen.«

Na prima, da haben wir nun endlich das ganze Heer der Schatzsucher aller Couleur auf dem Hals; denn in Insiderkreisen werden sich die jüngsten ergebnislosen Nachforschungen des ZDF im Jonastal rasch herumgesprochen haben, so daß sich jetzt alles auf den einzigen noch unberührt gebliebenen Suchort »Gauforum« konzentrieren wird! Oberholz muß schnellstens seine Bemühungen um unsere Option des Projektes bei der thüringischen Landesregierung verstärken. Wie aber auch immer: Es kommen heiße Zeiten, und DAS VORERST LETZTE KAPITEL AUF DER SUCHE NACH DEM BERNSTEINZIMMER, wie die Unterzeile zur Rezensionsüberschrift lautet, ist Wermuschs Buch gewiß nicht! –

Gegen Abend telefoniere ich mit Uwe Jentzsch in Weimar. Ich bitte ihn, den von mir zunächst stornierten Termin mit Baron von Falz-Fein durch einen Anruf in Vaduz zu bestätigen. Am 27. September werden wir uns zu nachtschlafender Zeit in Richtung Liechtenstein auf den Weg machen.

21. September 1991: Die Arbeit an diesem Tagebuch beginnt mir Freude zu machen, vermutlich deshalb, weil es unter meinen nun doch schon immerhin rund fünfzig veröffentlichten Bänden der erste Titel ist, bei dem ich ausschließlich eigenes Erleben reflektiere – und dann noch zu solcher Thematik! Dennoch wird dies möglicherweise mein letztes Buch sein: Finde ich nämlich das, was ich suche, kann ich mir einen eigenen Verlag leisten (der Himmel sei davor!) und *muß* keine Bücher mehr schreiben; fabriziere ich aber einen Flop, *kann* ich keine Bücher mehr schreiben, weil ich mich bei den jetzigen Honorar- und Auflagen»höhen« dann um ein anderes Ein- und Auskommen bemühen muß. –

Habe noch bis weit nach Mitternacht etliche Manuskriptseiten des Tagebuchs getippt und für die handschriftliche Urfassung ein sicheres Versteck in meinem Arbeitszimmer gefunden.

22. September 1991: Langes Ferngespräch mit Oberholz. Er war gestern bei Stadelmann in Weimar – wieder so ein Alleingang, der mich mißtrauisch macht! Er habe aus ihm herausgeholt, daß die Deckenhöhen der Kellerräume im Gauforum bis zu vierzig Zentimeter differieren. Dies bestätigt meine Vermutung, daß Stadelmann auch mir noch bei weitem nicht alles gesagt hat.

24. September 1991: Beim Sichten der Unterlagen für meine bevorstehenden Verhandlungen in Liechtenstein lese ich noch einmal jenen entscheidenden Satz vom 7. April 1945, mit dem sich Dr. Scheidig selbst der bewußten Falschaussage überführt hat, als er später behauptete, der größte Teil der Kochschen Kunstsammlung sei am 9. und 10. April aus Weimar abtransportiert worden. Daß Enke diesen Widerspruch übersehen haben könnte, halte ich durchaus für möglich. Anders jedoch die vorangehende Passage im genannten Schreiben Dr. Scheidigs: »In der Hausmeister-Wohnung sind die nach Norden gelegenen Zimmer, Schlafzimmer und Küche mitsamt dem Mobiliar völlig vernichtet worden«, was sich in Enkes Buch – bezogen auf dieses Dokument – so liest: »Die in der ebenerdigen Etage liegende Wohnung des Hausmeisters und die Depoträume erlitten so gut wie keinen Schaden.« Das geht doch nicht zusammen! Entweder hat Enke einen rabenschwarzen Tag gehabt, oder … Es ist ein geradezu ungeheuerlicher Verdacht: Sollte hier, möglicherweise unter massivem Druck der Stasi, abgelenkt werden von der richtigen Spur? –

Mit den Kindern, die ich nun – nicht gerade leichten Herzens – vier Tage sich selbst überlassen muß, führe ich noch ein langes Gespräch hinsichtlich der Verhaltensweise in dieser Zeit. Sie sind hier schließlich alleine im Haus, wenn ich auch unsere Nachbarin »Evi« Voigt als Vertraute Kristinas sowie meinen guten Freund und »Leibarzt« Dr. Michael Kretzschmar von der bevorstehenden Abwesenheit unterrichtet habe. Ich bitte Sandra und Alexander sehr nachdrücklich, die Wohnung stets verschlossen zu halten, Anrufe für mich und sonstige Nachfragen detailliert zu vermerken, niemanden von der mehrtägigen Reise zu informieren und im Notfall die im Arbeitszimmer verborgene Mappe mit meinen Tagebuch-Unterlagen vorrangig zu evakuieren. Ich säe Ernst, aber keine Angst, und glaube an das Funktionieren dieser »Katastrophenkinder«, wie wir sie schon von frühester Jugend an ob ihrer Bewährung vor allem in Ausnahmesituationen genannt haben.

25. September 1991: Gegen Mittag in Weimar angekommen, führt mich mein erster Weg ins Stadtarchiv. Dort erfahre ich, daß Pressesprecher Vogel mir hinterlassen hat, der Oberbürgermeister gebe für alle kommunal zu entscheidenden Maßnahmen unseres Projektes grünes Licht und sichere größtmögliche Unterstützung zu. Na bitte!

26. September 1991: Nachmittags »konspiratives« Treffen mit Stadelmann im Stadtarchiv, das wir dann aber doch, weil länger dauernd, in meiner Wohnung fortsetzen. Zuvor vereinbare ich noch mit Pressesprecher Vogel für den 7. Oktober einen gemeinsamen Besuch bei den Kunstsammlungen, um die vordringliche Frage meines Zugangs zu deren Archiv zu klären.

Stadelmann überschüttet mich mit einer Flut von Informationen, die aber nichts weltbewegend Neues bieten. Er wettert über die Hinhalte- und Ausforschungstaktik von Oberholz und NDR-Drossart und prägt dabei den für ihn als nicht gerade Wortgewaltigen bemerkenswerten Satz: »Die kommen wie die nackten Mäuse hierher und wollen sich von uns den Pelz umhängen lassen!«

Interessant sein Hinweis, daß nun auch schon ausländische Schatzsucher auf Weimar aufmerksam geworden sind; so wurde er dieser Tage von zwei Franzosen angesprochen, die hier von der SS aus Frankreich verschleppte Juwelen vermuten, hat aber eine Zusammenarbeit abgelehnt. Hellwach werde ich schließlich, als er mir von einer im Weimarer Gauforum projektierten Krypta berichtet, in der nach dem Willen des »Führers« die ruhmreichsten Helden des »Tausendjährigen Reiches« ihre letzte Ruhestätte finden sollten – gewissermaßen eine unterirdische Kremlmauer großdeutscher Prägung. Entsprechend auch die Dimensionen der unmittelbar vor der Halle der Volksgemeinschaft gelegenen und fast deren gesamte Frontseite einnehmenden Gruft: schätzungsweise fünfundvierzig Meter lang und zehn Meter breit. Schlagartig erinnere ich mich, daß sich just an deren beiden Enden die vom Zeitzeugen Heinz Eckert geschilderten, 1953 nachträglich gesicherten Lastenaufzugsschächte befunden haben. Waren sie etwa der Zugang nicht zu den vermuteten Tiefgaragen, sondern zu dieser Grabkammer? Und was ruht jetzt darin? Ist es noch eine neue oder *die* Fundstelle?

27. September 1991: Früh um vier Uhr – zu einer Zeit, da ich eher schlafen zu gehen denn aufzustehen pflege – holt mich Uwe Jentzsch ab. Während der Fahrt erzählt er mir beiläufig, den jüngsten Wettbewerb der deutschen Sportjournalisten im Geschicklichkeitsfahren gewonnen zu haben. Er stellt dies auch sogleich unter Beweis, so daß wir trotz strömenden Regens und Umleitungen bereits gegen elf Uhr in Vaduz ankommen.

Der Baron empfängt uns mit abweisender, ja eisiger Kälte, die an die erstmals in diesem Jahr mit Neuschnee bedeckten Gipfel der über seinem Office aufragenden Alpen gemahnt. Wir sind bis zur Sprachlosigkeit erstarrt ob dieses unfreundlichen Auftaktes, haben wir uns doch ordnungsgemäß und langfristig bei ihm angemeldet. Er aber läßt uns wie Hausierer in einem Wirbel von Geschäftigkeit herumstehen, spricht mit Kunden französisch und englisch ebenso fließend wie italienisch und russisch und verkündet uns schließlich in gepflegtem wie befehlsgewohnt-kategorischem Deutsch: »Meine Zeit ist bemessen – und, um es vorwegzunehmen, das Bernsteinzimmer ist verbrannt!«

In mir rumort das cholerische Erbteil meines Vaters, und ich widerspreche in einem scharfen, ihm sicher völlig ungewohnten Ton. Der anschließende heftige Wortwechsel, in den Uwe beschwichtigend eingreift, endet mit meiner Feststellung, wir seien nicht als Bittsteller gekommen, sondern aus der moralischen Verpflichtung heraus, ihn – der sich Jahrzehnte aufopfernd für die Wiederauffindung dieses Kunstwerkes engagiert hat – an die neue und wohl entscheidende Spur anzuschließen. Die nachfolgenden Vorbereitungen unseres Abgangs sind eindeutig.

Da plötzlich bittet ein völlig veränderter Falz-Fein in höflichem, geradezu sanftem Ton, Platz zu behalten. Er telefoniert mit einer für diesen Tag freigestellten Mitarbeiterin, seine Vertretung zu übernehmen, läßt sie mit einem Wagen abholen, lädt uns zu einem verständigenden, freundschaftlichen Gespräch in seine Villa »Askania Nova« ein. Zuvor widmet der wie ausgewechselt wirkende Baron mir noch das Buch seiner Familienhistorie; ich revanchiere mich für diese demonstrativ-versöhnlerische Geste mit meinem klobigen Prachtband der Kulturgeschichte Leipzigs, ohne zu ahnen, daß Falz-Fein dieser Stadt insofern eng verbunden ist, als sich im dortigen Zoo eine der bedeutendsten Zuchten des von seinem Großvater aus der Mongolei eingeführten letzten lebenden Urpferdes, des sogenannten Przewalski-Pferdes, befindet. –

Nach steiler Auffahrt erreichen wir das Grundstück. Es ist ein Traumhaus mit atemberaubendem Blick über das Rheintal auf die Schweizer Alpen, nahe dem Schloß der Fürsten von Vaduz, die dem Baron den Besitz übereigneten – sein »Museum«, wie er dieses vom Keller bis zum Boden mit Kunstschätzen vollgestopfte Anwesen nennt. Er bereitet uns eigenhändig Kaffee und einen Imbiß (die von ihm gewählten »Kaffeetassen« sind freilich zweihenklige Suppenschalen, aber mit Wappen!), plaudert über seine Vorfahren (darunter drei Admirale und der Großvater als Adjudant des letzten Zaren), spricht von seiner Verwandtschaft mit Dostojewski und vielen weiteren berühmten Persönlichkeiten und redet dann von seinen eigenen engen Kontakten beispielsweise zum russischen Präsidenten

Boris Jelzin. Auch läßt er mich erstmals ahnen, welch unvorstellbare symbolische Bedeutung das Bernsteinzimmer für das dortige Volk zu haben scheint. In all diesem offenbart Falz-Fein die ursprünglichste Bindung zu seiner schon als Kind verlassenen eigentlichen Heimat und gibt sich als eine faszinierende Mischung von russischer Seele und französischem Charme, zudem noch in dem Korpus eines Sechzigers, dessen bevorstehender achtzigster Geburtstag geradezu unglaublich ist. Schließlich bittet er mich um meinen Bericht.

Ich schildere ihm betont objektiv und sachlich die Ergebnisse unserer Forschungen, argumentiere nur mit Tatsachen. Er wirkt konzentriert, stellt gezielte Zwischenfragen. Kopfschüttelnd nimmt er zur Kenntnis, was ihm bislang verborgen blieb. Dann dankt er mit bewegten Worten, die zugleich eine förmliche Entschuldigung für den frostigen Empfang sind: Er habe im Sinne des von ihm aufwendig geförderten Filmtitels »Das Ende einer Legende« schmerzlich Abschied genommen von seinem Lebenstraum, das Bernsteinzimmer auffinden zu können, und sich gewehrt, durch mich eine kaum vernarbte Wunde wieder aufreißen zu lassen. Nun aber sei er ob der überzeugenden Darstellung beglückt und feiere diesen 27. September als einen unvergeßlichen Tag, der ihm neuen Mut und verjüngende Hoffnung gebe. Er stehe mit ganzer Konsequenz und allen seinen Möglichkeiten hinter diesem Projekt, ich möge ihn nur wissen lassen, wie er es fördern könne; auch dankt er Uwe mit herzlichem Schulterklopfen für die Vermittlung unserer Bekanntschaft.

Ich bin beeindruckt von diesem geradezu euphorischen Ausbruch, denke natürlich sofort an Sponsorenmittel, als mir urplötzlich eine Eingebung kommt, von der ich nicht weiß, ob sie wahnwitzig oder genial ist. Wie wäre es denn, das Pferd von hinten aufzuzäumen? Im vorangegangenen

Gespräch hat der Baron mehrfach sein Unverständnis geäußert, warum sich angesichts der Dimension dieser Aufgabe nicht die Bundesregierung einschaltet. Ich habe ihm erwidert, daß wir mit viel Mühe gerade mal erreicht haben, uns der Unterstützung des Weimarer Oberbürgermeisters zu versichern; eine verschwommen definierte Kontaktmöglichkeit zur Landesregierung sei seitens des mit uns locker kooperierenden und sich insbesondere für diesen politischen Brückenschlag verantwortlich bezeichnenden Union-Pressehauses in Aussicht gestellt, eine Verbindung zur zentralen Ebene nie diskutiert worden.

In diesem Zusammenhang erinnere ich mich auch der Passage eines vor fast genau einem Jahr in der Berliner Wochenzeitung »Das Blatt« abgedruckten Interviews mit Falz-Fein zum eben schon genannten Bernsteinzimmer-Film »Das Ende einer Legende«; der Baron hat mir kurz zuvor eine Ablichtung davon in die Hand gedrückt: »Unterstützung gab es von deutscher Seite nicht, nur von den Russen. Eines habe ich die Jahre nicht verstanden: Wieso müssen so etwas Privatleute tun? Wieso hat die Bonner Regierung jetzt, wo die Beziehungen zu Rußland so gut sind, nicht von sich aus die Sache unterstützt? [...] Für mich existiert noch eine moralische Schuld der Deutschen und besonders jetzt, wo Gorbatschow die deutsche Einheit mit verwirklicht hat. Nun wäre ein Schritt von deutscher Seite notwendig. Alles, was Privatpersonen haben tun können, wurde getan.«

All dies schießt mir durch den Kopf, während mich Falz-Fein erwartungsvoll ansieht. Er rechnet wohl mit einem finanziellen Antrag und ist um so überraschter, als ich ihm sage: »Ich bitte Sie nicht um Geld, sondern vielmehr darum, Boris Jelzin und andere einflußreiche Persönlichkeiten Rußlands über die von Ihnen als ›heiße Spur‹ anerkannte Möglichkeit zu informieren, Ihrem Volk vielleicht doch noch eines seiner bedeutendsten kulturellen Nationalheiligtümer zurückgeben zu können. Empfehlen Sie zugleich eine sofortige und persönliche Kontaktaufnahme zum deutschen Bundeskanzler, alles Notwendige zu veranlassen, diese auf dem Territorium der BRD verlaufende Fährte mit sämtlichen zu Gebote stehenden Mitteln zu verfolgen!«

Der Baron denkt nur kurz nach, dann lächelt er: »Das ist eine glänzende Idee! So können wir das Projekt von zwei Seiten in Angriff nehmen.« – Wir sprechen noch lange über die Konsequenzen dieser Entscheidung. Er wertet sie als eine weit über das ursprüngliche Anliegen hinausreichende Möglichkeit, den gegenwärtigen Prozeß der Annäherung unserer Länder zu unterstützen, verschweigt ebenso nicht den Umstand, daß dadurch die bislang blockierte Bereitschaft wesentlich gefördert werden könnte, auch nachweisbar nach Rußland verschleppte deutsche Kunstschätze zurückzuführen.

Beim Abschied trennen wir uns wie Freunde, die sich einer gemeinsamen Aufgabe und eines baldigen Wiedersehens gewiß sind. Zuvor hat mich der Baron noch einmal nachdrücklich gebeten, ihm baldigst die für seine Mission notwendigen Unterlagen zuzusenden.

28. September 1991: Nach geruhsam verbrachter Nacht in einem Tiroler Bergdorf mit morgendlicher Filmkulisse sich rötender Alpengipfel sowie insgesamt anderthalbtausend Kilometer langer Fahrt bin ich wieder in die Weimarer Wirklichkeit zurückgekehrt. Ich informiere Stadelmann telefonisch über das erfreuliche Ergebnis meiner Reise, ohne Einzelheiten zu nennen, fasse aber als Fazit zusammen, daß wir nun einen Verbündeten haben, der uns von Oberholz und anderen Hinhaltetaktikern unabhängig macht.

29. September 1991: Ich habe meine Uhren zurückgestellt, nicht historisch, sondern temporär; denn ab heute gilt die Winterzeit. Könnte man doch ebenso einfach verfahren mit den Jahren – ich stünde gewiß an jenem 9. Februar 1945 vor dem Landesmuseum, um zu beobachten, wer wann was abgeladen hat! So aber bleibt nur die zur Wahrscheinlichkeit gewachsene Vermutung, der dennoch ein stiller wie steter Stachel des Zweifels innewohnt.

30. September 1991: Diese Unsicherheit beschleicht mich auch heute, als ich die vereinbarten Unterlagen für den Baron und seine russischen Freunde zusammenstelle. Ist solches nicht sogar Geheimnisverrat an eine »fremde Macht«? Ich schüttle diesen mir aus der Vergangenheit überkommenen Gedanken ab, geht es doch ausschließlich um die Wiedererlangung von Kunstwerken der uns allen gehörenden Weltkultur. So schreibe ich denn an Falz-Fein:

»Sie gaben mir in einem persönlichen Gespräch am 27. September 1991 in ihrer Villa ›Askania Nova‹ die Gelegenheit, Ihnen meine Vorstellungen vom Verbleib der Kochschen Kunstsammlung und des Bernsteinzimmers zu erläutern. Sie zeigten sich beeindruckt von meiner mündlich vorgetragenen Argumentation, und wir vereinbarten, daß ich eine knappe schriftliche Zusammenfassung nachreiche; sie ist in der Anlage beigefügt. –

Ich habe mich an Sie als den international wohl unbestritten größten Förderer der Rückführung von Kunstgütern in Ihre angestammte Heimat gewandt. Ich kenne aus der Literatur inzwischen auch die bis heute fortwirkenden Verdienste Ihrer Familie um Rußland. Und ich weiß, mit welcher zeitlichen und materiellen Aufopferung Sie seit Jahrzehnten bemüht gewesen sind, Ihrem Volk eines seiner kulturellen Nationalheiligtümer – das Bernsteinzimmer – zurückzugeben. Mir ist auch nicht verborgen geblieben, daß Sie im Sinne des von Ihnen aufwendig geförderten Filmtitels ›Das Ende einer Legende‹ endgültig wie schmerzlich Abschied genommen hatten von einem Lebenstraum. Ich wollte keine alten und dennoch kaum vernarbten Wunden aufreißen, aber ich habe mich moralisch verpflichtet gefühlt, Sie an die neue – und wie ich meine – überzeugende Spur anzuschließen.

Bitte prüfen Sie, verehrter Herr Baron, sehr kritisch meine beigefügten textlichen Ausführungen. Sollten Sie – wie schon beim mündlichen Vortrag – deren hohen Wahrscheinlichkeitsgehalt bestätigen können, wäre es für die Sache sicher von großem Nutzen, wenn wir von beiden Seiten das Projekt in Angriff nähmen: Sie durch die Unterrichtung Ihrer russischen Freunde mit deren direktem Kontakt zur deutschen Bundesregierung, ich durch die mir gegebenen Möglichkeiten der Aktion vor Ort. Wir sollten dies mit größtem Nachdruck tun – es wäre sicher ein nicht unwesentlicher Beitrag zur endgültigen Aussöhnung unserer Völker, auch zur Klärung noch offenstehender Fragen rückführenden Austausches von Kulturgut.«

2. Oktober 1991: Ich habe mich schwergetan, den fertigen Brief an den Baron abzuschicken, hatte wieder quälende Zweifel, doch niemanden, um darüber zu sprechen. Nun aber ist in gewohnter Alleinentscheidung die Post per Einschreiben mit Eilboten unterwegs, und der Gedanke wirkt wie eine Befreiung: Ich habe solchermaßen das Projekt in eine völlig andere Dimension gehoben, es aus zermürbender privater Anonymität zu einem Politikum ersten Ranges und auf höchster Ebene werden lassen. Ich bin – so eitel dies klingen mag – sehr zufrieden mit mir und kann nur hoffen, daß sich all dies nicht als blöde Blauäugigkeit erweist.

4. Oktober 1991: Der erwartete Anruf von Oberholz kommt am frühen Abend. Er berichtet über Fortschritte bei der Kontaktherstellung zum thüringischen Finanzminister und reagiert relativ gelassen auf meine Ankündigung, möglicherweise – und dies unausgesprochen als Ergebnis des auch ansonsten unkommentierten Besuchs in Liechtenstein – ohne ihn in Weimar mit konkreten Aktionen zu beginnen. – Wir vereinbaren für die zweite Hälfte der nächsten Woche ein gegenseitig informierendes Telefongespräch über den Fortgang der noch gemeinsamen Angelegenheit.

7. Oktober 1991: Wegen beabsichtigter Aktendurchsicht habe ich nochmals die Kinder alleine gelassen und bin nach Weimar gefahren. Der Auftakt ist nicht gerade ermutigend: Pressesprecher Vogel hat es vertrant, den vorgesehenen Termin mit den Kunstsammlungen zu vereinbaren. Auf das dortige momentane Interregnum verweisend, meint er, es sei wohl auch besser, die zwei oder drei Wochen bis zum Amtsantritt des neuen Direktors abzuwarten. Ich gebe Vogel, der die ganze Geschichte ja nur vom Hörensagen kennt, meine jüngste Zusammenstellung des Informationsmaterials zu lesen. Darauf wird er etwas mobiler, telefoniert mit den Kunstsammlungen, kann aber den zuständigen Partner nicht erreichen, bittet mich schließlich, am nächsten Vormittag zu ihm zu kommen – bis dahin habe er garantiert einen sofortigen Termin besorgt.

Das einzig Erfreuliche an diesem Tag kommt wieder einmal aus dem Stadtarchiv. Gitta Günther hat mir eine spezielle Akte über den Schutz Weimarer Kulturbauten vor Bombenangriffen heraussuchen lassen. Ich finde darin ein insofern interessantes Dokument, als es bereits am 20. April 1944 die Sicherheit des noch im Landesmuseum befindlichen hauseigenen Kunstgutes »in Verbindung mit den LS [Luftschutz]-Räumen der Neubauten am Platz des Führers« gewährleistet sah. Es gab also schon fast ein Jahr vor Einlagerung der Kochschen Sammlung in Weimar Überlegungen, das Gauforum für die Deponierung von Kunstschätzen zu nutzen! Das sind zwar alles nur winzige Mosaiksteinchen, aber sie fügen sich immer mehr zum vermuteten Gesamtbild. –

Im Stadtarchiv treffe ich mich nachmittags auch mit der Kunsthistorikerin Dr. Renate Müller-Krumbach. Sie war eine enge Mitarbeiterin von Dr. Scheidig und hat dessen wissenschaftlichen Nachlaß geordnet. In diesem Zusammenhang wurde sie noch im vergangenen Jahr von Vertretern der örtlichen Polizeibehörde befragt. Selbige legten ihr eine eindeutig aus dem Besitz der Kunstsammlungen stammende umfangreiche Originalakte vor, die sie nur flüchtig zu durchblättern Gelegenheit hatte. Dennoch erinnert sie sich an etliche Gedächtnisprotokolle Dr. Scheidigs aus jenen turbulenten Frühjahrstagen 1945 und ihres ganz persönlichen Eindrucks, er habe sich solchermaßen gegen irgend etwas absichern wollen. Aufgefallen sei ihr auch seine mehrfach betonte Schweigeverpflichtung, die ihm der KGB in dieser Angelegenheit auferlegt hätte.

8. Oktober 1991: Als ich vormittags zu Vogel komme, hat dieser natürlich noch keinen Termin vereinbart. Das folgende Telefonat ist etwa das hilfloseste, was ich je mit anhören mußte. Ich übernehme schließlich das Gespräch, rede selbst mit dem amtierenden Direktor der Kunstsammlungen. Dieser lehnt erwartungsgemäß meinen Zugang zum ungeordneten Archiv ab und erklärt, die Akten würden ohnehin nur von Mitarbeitern des Hauses gesichtet werden; ich könnte ja noch mal gegen Jahresende unverbindlich nachfragen. Gereizt breche ich den sinnlosen Disput ab und fordere von Vogel in gleichem Ton die unverzügliche Veranlassung einer entsprechenden Weisung des Kulturamtes. Bevor ich gehe, schiebe ich ihm noch genüßlich einen mehrteiligen »Schwarzen Peter« zu: Ich informiere ihn nämlich über das von mir bekannt gewordene Unverständnis breiter Kreise der Einwohnerschaft, daß der Magistrat auf vieldiskutierte Presseveröffentlichungen in dieser Angelegenheit überhaupt nicht reagiert hat. Zudem unterrichte ich ihn von der eindeutig auf Weimar als vermutlichen Verbergungsort hinweisenden Rezension in der Hamburger ZEIT und der wohl gleichermaßen unmißverständlichen ZDF-Sendung, die nach Verschiebung nunmehr für den 24. Oktober bevorsteht. Ich verschweige ebenso nicht, daß ein nunmehr zu erwartendes Heer militanter Schatzsucher, Boulevard-Journalisten und sonstiger, auch ausländischer Interessenten auf die Stadt zurollen wird, nenne in diesem Zusammenhang den von uns schon vor Wochen bemerkten und gemeldeten Durchbruch des Stollens vom Landesmuseum zum Gauforum und warne eindringlichst vor den Konsequenzen unkontrollierten Zugangs zu den vermutlich verminten Depoträumen – halb Weimar könnte dabei in die Luft fliegen! Ich betone, all dies dem Oberbürgermeister lieber persönlich mitgeteilt zu haben. Da solches aber nicht möglich zu sein scheine, hätte ich nunmehr meine Pflicht zur Unterrichtung des Magistrats in der Person Vogels erfüllt; er möge nur reiflichst überlegen, wie er mit dieser brisanten Information verfahre.

Vogel beginnt schon sichtlich an dem Brocken zu würgen, doch habe ich nach dem ganzen Possenspiel alle Hoffnung aufgegeben, daß wir die Stadt-, geschweige denn die Landesverwaltung als Mitstreiter gewinnen können – die Ignoranz und Arroganz sind einfach unerträglich. Um so mehr freue ich mich auf den in Liechtenstein vorbereiteten großen Hammer von oben! –

Das einzige, was an diesem bisherigen Tag zur Zufriedenheit verläuft, ist die Einrichtung eines zweiten Tresorfachs in der Stahlkammer der Sparkasse; das erste ist schon voll. –

Mittags ruft Oberholz an, um sich nach dem Stand der Dinge zu erkundigen. Er reagiert ähnlich empört wie ich auf die geschilderte Schlafmützigkeit und verspricht nunmehr massive Hilfe, die ich aber wegen des unmittelbar bevorstehenden Zwiebelmarktes als Weimarer »Nationalfeiertag« auf nächste Woche zu verschieben vorschlage.

Am Nachmittag kommt Stadelmann zu mir. Er berichtet von einer ganzen Reihe interessanter Begebenheiten, darunter das gestrige Ferngespräch mit einem Herrn Tete Böttger aus Göttingen, den er während der Dreharbeiten zu Remys Film »Das Ende einer Legende« kennengelernt hat. Schon damals habe man ihm diesen als einen sehr einflußreichen Mann bezeichnet, ohne jedoch Näheres zu nennen. Böttger sei gerade aus dem Irak zurückgekehrt, wo er die UNO-Inspektoren bei der Fahndung nach Lagern und Produktionsstätten von Massenvernichtungswaffen begleitet hat. Er habe nunmehr Kenntnis erhalten von Fortschritten unserer Forschung und bietet seine Hilfe an; beispielsweise könne er den Einsatz von Maschinen einer in der Lüneburger Heide stationierten Hubschrauberstaffel veranlassen, die zur Bodenerkundung mit der gleichen modernsten Technik ausgerüstet sei, wie sie im Irak bei der Suche nach unterirdischen Bunkern zur Anwendung kam.

9. Oktober 1991: Habe mich nach Leipzig zurückgezogen, da ich für die nächste Zeit mit der sprichwörtlichen Ruhe vor dem erwarteten Sturm rechne. Es ist in der Sache alles angeschoben, was anzuschieben war – nun vertraue ich auf eine solchermaßen aktivierte Eigendynamik, von der ich annehme, daß sie in den folgenden Wochen immer rascher in Bewegung geraten wird.

11. Oktober 1991: Oberholz teilt telefonisch mit, das Union-Pressehaus werde sich nun doch nicht an praktischen Suchaktionen in Weimar beteiligen; seine mir schon beim letzten Ferngespräch angekündigte Münchner Archivarbeit habe zwar keine neue Spur, wohl aber die Bestätigung gebracht, daß Kunstgüter prinzipiell aus geschlossenen Städten ins offene Land evakuiert worden seien, woraus er die Legitimation nimmt, sich weiterhin auf das Erzgebirge zu konzentrieren.

Seine Entscheidung quittiere ich mit einer demonstrativ freundlichen Gelassenheit, die ihn zu verunsichern scheint. So beeilt er sich, die als selbstverständlich bezeichnete Fortsetzung der begonnenen Unterstützung beispielsweise hinsichtlich des Kontaktes zum Thüringer Finanzminister zu versprechen. Allerdings müsse er dazu wissen, ob es unsererseits konkrete Vorstellungen hinsichtlich der Kostenabsicherung und eines detaillierten Ablaufplanes gäbe. Ich bejahe beides in betont forschem Ton, höre die Nachtigall trapsen und werte das ganze Gespräch als einen eindeutigen Versuchsballon, Auskunft über unser Programm und die nächsten Schritte zu erlangen.

14. Oktober 1991: Bin schon wieder in Weimar, um ein paar Tage ungestört zu arbeiten. Zunächst aber habe ich im Stadtarchiv den Jahrgang 1939 der »Thüringer Gauzeitung« eingesehen; Stadelmann hat mir nämlich bei unserem letzten Gespräch einen Artikel gezeigt, an dessen Datierung ich ernsthaft zweifeln mußte. Tatsächlich finde ich den Beitrag in der Ausgabe vom 10. Oktober. Unter der Überschrift WEIMARS KOSTBARSTE KUNSTSCHÄT-

ZE SIND SICHERGESTELLT ist zu lesen, es sei »wohl selbstverständlich, wenn man allen Eventualitäten *eines bösen Zufalls* vorbeugt und zu den gegebenen Mitteln greift, um die kostbarsten Kunstwerke, Gemälde, Zeichnungen usw., etwaigen Folgen eines feindlichen Fliegerangriffes zu entziehen« – und das bereits 1939! Insgesamt seien etwa sechzig Bilder (darunter Cranach, Dürer und Caspar David Friedrich) sowie achtzehntausend Handzeichnungen (Cranach, Dürer, Rembrandt) »sichergestellt« worden. »Für die Unterbringung wurden Räume gewählt, die einmal den nötigen *Schutz* bieten und zum zweiten auch für die Gemälde geeignet sind, also eine *staubtrockene* Luft aufweisen.« – Stadelmann sieht solche Bedingungen einzig in den Tiefkellern des damals schon fertiggestellten Hauses der Parteigliederungen als gegeben an, zumal man auf dem beigefügten Foto im Hintergrund starke viereckige Säulen zu erkennen meint, wie sie wirklich dort vorhanden sind. Es wäre eine kleine Sensation, könnte man den Nachweis erbringen, daß dieses Gauforum bereits 1939 als Kunstdepot diente, und es ist ein großer Skandal, daß der aufklärende Weg zum Archiv der Weimarer Kunstsammlungen scheinbar über Moskau führen muß!

15. Oktober 1991: Abends konfuser Anruf von Oberholz. Er bezieht sich auf eine aus dritter Hand stammende Information, der Leipziger Kiepenheuer-Verlagschef habe auf der Frankfurter Buchmesse mitgeteilt, das Bernsteinzimmer befände sich kurz vor der Bergung, und die ARD-Kameras stünden schon bereit. Ich kann ruhigen Gewissens dementieren, nehme aber mit Genugtuung die spürbare Nervosität von Oberholz zur Kenntnis, der doch noch vor wenigen Tagen sein Ausklinken aus der Weimarer Spur so souverän verkündet hat. Es ist die blanke Angst, sein beschworener Suchort könne sich doch als Nebenschauplatz erweisen, und während er dort noch ergebnislos herumstochert, ist möglicherweise an der eigentlichen Hauptfront die entscheidende Schlacht bereits in vollem Gange. Ich beneide ihn nicht um diesen Sitz auf dem Pulverfaß, aber er hat ihn sich ja selber ausgewählt. –

Anschließend Telefonat mit Stadelmann. Er kündigt für morgen den Besuch des Chefs jenes Münchner Ingenieurbüros Lassas an, das im vergangenen Jahr an den seismischen Untersuchungen der Freifläche des Weimarer Gauforums beteiligt war. Die von mir erst dieser Tage prophezeite Ruhe vor dem Sturm scheint doch kürzer zu sein als vermutet.

16. Oktober 1991: Nachmittags sind Gitta Günther und Ehemann Klaus bei mir zu Gast. Ich bitte Gitta, ihre Verbindung zur Lokalpresse dahingehend zu nutzen, um auf die für den 24. Oktober bevorstehende ZDF-Sendung »Das letzte Führerhauptquartier« und deren unmittelbaren Weimar-Bezug aufmerksam zu machen; wir erhoffen uns davon möglicherweise neue Zeitzeugen.

Die Sessel sind kaum kalt, die Gläser gerade weggeräumt worden, als nach telefonischer Ankündigung Stadelmann mit Hans Peter Lassas bei mir erscheint. Er ist ein schon auf den ersten Blick ungemein sympathischer und – wie sich beim nachfolgenden langen Gespräch erweist – gleichermaßen kluger und sachkundiger Partner, der bei aller spürbaren Begeisterung für das Projekt die notwendige Wirklichkeitsnähe nicht vermissen läßt. Der unlängst genannte Tete Böttger aus Göttingen hat sich mit ihm kurzgeschlossen und seine Bereitschaft bestätigt, Spezialradar-Hubschrauber nach Weimar in Bewegung zu setzen. Die anschließende Diskussion, die konkrete technische Abläufe zum Inhalt hat, ist von erfreulicher Realität.

18. Oktober 1991: Gegen Abend ruft Baron von Falz-Fein aus Liechtenstein an. Er bedankt sich noch einmal überschwänglich für meinen Besuch. Ich sei für ihn wie ein Engel vom Himmel herabgestiegen und hätte ihm noch einmal die Hoffnung zurückgegeben, seinen Lebenstraum in Erfüllung gehen zu sehen. Er sei förmlich aufgeblüht und könne es kaum erwarten, sich unmittelbar in das Projekt einzubringen. Sein Angebot, sofort nach Weimar zu kommen, um vor Ort befördernd zu wirken, bremse ich behutsam ab, indem ich ihn bitte, zunächst die für uns so überaus wichtige Verbindung nach Moskau herzustellen. Er hat schon alles vorbereitet und für die nächste Woche ein Gespräch mit dem sowjetischen Botschafter in der Schweiz vereinbart, ist sich aber noch unschlüssig, ob der solchermaßen zu unterrichtende eigentliche Adressat seiner Intervention nun Jelzin oder Gorbatschow sein soll, denen er gleichermaßen eng vertraut sei. Ansprechpartner auf deutscher Seite wäre auf alle Fälle Bundeskanzler Kohl, ich solle ihm – dem Baron – aber noch schnellstens schriftlich mitteilen, wer in unserem unmittelbaren Territorium als nachfolgende Kontaktperson in Frage käme. Ich sichere ihm dies zu und denke sofort an den Ministerpräsidenten des Landes Thüringen.

19. Oktober 1991: Kaum in Leipzig angekommen, schreibe ich den vereinbarten Brief an Falz-Fein. Ich teile ihm mit, daß die Bezugsperson zum Territorium nur der thüringische Ministerpräsident Josef Duchac sein kann. Nochmals unterstreiche ich meine ergebnislosen Bemühungen, auf kommunaler Ebene Unterstützung zu finden, und bitte nachdrücklichst um den Anschub aus der anderen Richtung.

22. Oktober 1991: Nach durchgearbeiteter Nacht lese ich beim mittäglichen Frühstück folgende Pressemeldung:

»Rußlands Präsident Boris Jelzin will bei seinem Besuch im November in Bonn eine Sammlung wertvoller Zeichnungen an Deutschland zurückgeben, die nach dem Zweiten Weltkrieg als Kriegsbeute in die UdSSR gelangt war. Es handelt sich dabei um 363 Werke von Raffael, Rubens, Rembrandt, Goya, van Gogh sowie um eine einmalige Kollektion von Dürer-Graphiken. Die Zeichnungen, die sich 1945 im Schloß Kyritz befanden, gehören der Bremer Kunsthalle. Viktor Baldin, ein sowjetischer Offizier, der sie damals dem Moskauer Architekten-Museum zur Aufbewahrung übergab, hatte sich in der Nachkriegszeit vergeblich um eine Rückgabe an Deutschland bemüht. Von den sowjetischen Behörden war dies nicht genehmigt worden.«

Das wäre doch eine glänzende Gelegenheit, um im Gegenzug auf die neue Spur des Bernsteinzimmers hinzuweisen! Ich werde versuchen, den Baron noch vor seiner Unterredung mit dem sowjetischen Botschafter in der Schweiz davon zu informieren – falls er es, wie zu erwarten, nicht ohnehin schon weiß –, und kann nur hoffen, daß Telekom mitspielt. –

Gegen Abend besucht mich gelegentlich einer ausgedehnten Lesungsreise mein Schriftstellerkollege und Freund Henning Pawel aus Erfurt. Er ist ein wie aus dem Erdreich gewachsener Zwei-Zentner-Mann mit der Sensibilität eines Kindes, vor der er sich mit jüdischem Mutterwitz Kishonscher Prägung zu schützen weiß, bisweilen auch gesteigert zu ätzendem Zynismus. Jahrelang hat er sich ob suspekter Satire von damaligen DDR-Verlagen ausgegrenzt gesehen, nun aber seine Schubladen geöffnet und zusätzlich erstaunliche aktuelle Produktivität entwickelt: drei Bücher in diesem, voraussichtlich vier im kommenden Jahr, ab nächstem Monat Träger eines renommierten Literaturpreises und schon vor Jahresfrist als Vorsitzender des Landesverbandes deutscher Schriftsteller (VS) Schirmherr aller thüringischen Autoren, um die er gleich einer behütenden Henne bemüht ist. Er wird zwar immer dicker, aber es ist wie ein Persönlichkeitszuwachs.

Auf Befragen schildere ich Henning mein neues Arbeitsthema. Beeindruckt bietet er Unterstützung in zweierlei Form an: Erstens könne er ein persönliches Gespräch mit dem Präsidenten des Thüringer Landtages, Dr. Gottfried Müller, vermitteln, zum anderen in der »taz« – er ist ein gefürchteter Kolumnist dieser aufmüpfigen Berliner Tageszeitung – ein anschiebendes Interview mit mir veröffentlichen. Wir vereinbaren, uns nächste Woche in Weimar zu treffen.

23. Oktober 1991: Telekom, diese sich selbst unentwegt hochlobende, dabei aber wohl mehr die Gebühren meinende Einrichtung, hat wieder versagt: Trotz stundenlangen Bemühens war kein Durchkommen nach Liechtenstein. Ich werde weiter versuchen, den Baron zu erreichen, und hoffe zumindest von Weimar aus auf Erfolg. –

Am Abend habe ich das gerade erstandene Buch »Die Bernsteinzimmer-Saga« von Günter Wermusch in einem Zuge durchgelesen. Ich hatte vordem nur wenig Gutes gehört und bin nun angenehm überrascht, bietet dieser flott geschriebene Bericht doch manch neue und weiterführende Information. Vor allem nehme ich den zumindest etwas saloppen Umgang des Vorgänger-Autors Paul Enke mit Akten und Aussagen zur Kenntnis. Kurios ist freilich Wermuschs Hinweis auf einen »argen faux pas« Enkes, als dieser der Kochschen Kunstsammlung überaus hohen Wert bescheinigte, während sein Nachfolger meint, sie sei bestenfalls geeignet gewesen, »ein drittklassiges Provinzmuseum zu schmücken. Die Aufstellung im Anhang belegt dies recht eindeutig.« Er scheint nicht begriffen zu haben, daß die von ihm zitierte Inventarliste lediglich ein Verzeichnis der hinterbliebenen Reste war, und setzt solchermaßen dem »argen faux pas« einen noch viel ärgeren entgegen!

Nach der Lektüre des Buches habe ich mich entschlossen, nicht das Angebot von Henning Pawel zum reißerischen Interview in der »taz« anzunehmen, sondern vielmehr ein Gespräch mit dem oft zitierten Dr. Karl-Heinz Janßen von der Hamburger ZEIT zu suchen, der dieser Thematik ebenso langjährig verbunden ist wie Marion Gräfin Dönhoff, die gemeinsam mit Ex-Bundeskanzler Schmidt die international bedeutende Wochenzeitung herausgibt und übrigens vor wenigen Tagen hier in Leipzig eine vielbeachtete Lesung hatte. Der Verlag soll mir den Kontakt herstellen – wir müssen jetzt in die Offensive!

24. Oktober 1991: Gegen Abend besuche ich den Kiepenheuer-Chef, um ihn über die Entwicklung in den zurückliegenden Wochen zu informieren. Zunächst sehen wir gemeinsam die vollmundig angekündigte ZDF-Dokumentation »Das letzte Führerhauptquartier«. Es ist wirklich das »Letzte«, und ich bewundere einzig den Mut der Produzenten, sich mit solch substanzlosem Beitrag an die Öffentlichkeit zu wagen. Zumindest aber sollte sich nach dieser Bankrotterklärung das Jonastal wohl endgültig als Suchort erledigt haben.

Anschließend haben wir ein langes Gespräch über das künftige taktische Vorgehen, in das sich der Verlag einschalten will. Der Chef akzeptiert meinen Vorschlag hinsichtlich der ZEIT und wird Dr. Janßen nach Leipzig einladen.

Als ich zu später Stunde nach Hause komme, finde ich eine Notiz meines jüngsten Sohnes vor, die mir in recht eigenwilliger Orthographie mitteilt, Herr Oberholz habe sich telefonisch gemeldet und bitte um Rückruf. Ich denke nicht daran – es wäre schade um jede Gebührenmark.

27. Oktober 1991: Heute ist im Berliner Schloß Britz die erstmals im Ausland gezeigte russische Ausstellung »Bernstein – der Stolz des Zaren« zu Ende gegangen; sie präsentierte auch einige der wenigen in Zarskoje Selo verbliebenen Original-Überreste des Bernsteinzimmers. Ich wollte sie eigentlich sehen, habe mich dann aber anders entschieden: Ich will keine Rudimente, ich will das ganze Zimmer!

28. Oktober 1991: Auf der Fahrt von Leipzig nach Weimar lese ich die aktuelle Meldung: »Der russische Präsident Boris Jelzin wird bei seinem Besuch im November nicht die von sowjetischen Militärs verschleppte Sammlung der Bremer Kunsthalle zurückgeben. Das erklärte der sowjetische Kulturminister Nikolai Gubenko auf einer Pressekonferenz in Moskau. Zunächst würden erst entsprechende Kataloge vorbereitet. Dann werde die Kollektion in der Sowjetunion und auch in der Bundesrepublik ausgestellt [...] Ursprünglich war in Moskau verlautet, Jelzin wolle diese Werke als ›Geste des guten Willens‹ an Deutschland zurückgeben. Gubenko beharrte darauf, daß auch die sowjetischen Kunstwerke, die während des Krieges von deutschen Militärs verschleppt wurden, an das Ursprungsland zurückgegeben werden müßten. Allein die Ukraine habe 130 000 Kunstschätze verloren. Die Sowjetunion habe nach dem Krieg bereits mehr als eine Million Kunstgegenstände an Deutschland zurückgegeben. Dazu gehöre die Dresdner Kollektion. In dieser Zeit habe sein Land dagegen nur sechs Ikonen, eine Statue und ein Gemälde zurückerhalten. Nach Angaben des Kulturministers hat der sowjetische Präsident eine Kommission gebildet, der die Kulturminister der UdSSR, Rußlands, der Ukraine und Belorußlands angehören. Sie soll alle Kunstwerke, die während des Krieges verschwunden sind, katalogisieren. Sie wird auch mit der entsprechenden deutschen Kommission zusammenarbeiten. Erst wenn diese Kommissionen ihre Arbeit beendet hätten, solle über den Austausch der Kunstwerke erneut gesprochen werden.«

Na, da hat es ja sogar etwas Gutes, daß ich den Baron bis heute noch nicht erreicht habe! Zumindest aber scheint doch international einiges in Bewegung geraten zu sein, und dies kann uns hier in der lähmenden provinziellen Beschränktheit nur nützen. –

Oberholz signalisiert durch einen abendlichen Anruf zumindest physische Existenz. Man habe mit dem Finanzminister des Landes Thüringen telefoniert, der aber an den zuständigen Innenminister verwiesen, jener hinwiederum würde erst recht nicht aus der Hüfte kommen, da sich nunmehr das Bundeskriminalamt in die Sache eingeschaltet hätte. Das ist alles kalter Kaffee, war doch das BKA schon vor Jahresfrist bei Stadelmann. Oberholz, der wohl endgültig als Episode abzubuchen ist, macht dann wieder auf Spannung: Sein Privatanschluß sei von obengenannter Firma abgehört worden, und dringendst appelliert er, wir müßten jetzt im Interesse des sonst außer Kontrolle geratenden Unternehmens auch die letzten Erkenntnisse sofort und rückhaltlos offenbaren.

Für wie blöde hält er uns eigentlich? Da fällt mir aber eben eine neue taktische Variante ein: Wir sollten endlich unsere schafsdämliche Bescheidenheit ablegen und in demonstrativem Selbstbewußtsein auch einmal hochstapeln, Vermutungen immerhin großer Wahrscheinlichkeit – ich denke da zum Beispiel an die Krypta – einfach als beweisbare Tatsachen deklarieren. Solche fragwürdigen Methoden widerstreben mir zwar, sind gar nicht meine Art, doch wir müssen uns der gleichen Waffen bedienen. Und vor allem: keine konkrete Auskunft mehr ohne die Gegenleistung detaillierter Ablaufpläne und unsere Beteiligung sichernder Verträge! Ich werde morgen mit Stadelmann das Notwendige vereinbaren.

Eine wichtige Information hat mir Oberholz immerhin geliefert: daß ich nämlich hier in Weimar eine neue Telefonnummer habe, was man mir offiziell mitzuteilen nicht für wert erachtet hat!

29. Oktober 1991: Von Stadelmann erfahre ich, daß Lassas und Böttger für nächste, spätestens übernächste Woche einen gemeinsamen Besuch in Weimar angekündigt haben. Da vermutlich eine Überfluggenehmigung für den vorgesehenen Hubschraubereinsatz in der Kürze der Zeit nicht zu erlangen gewesen wäre, man wohl auch beim gegenwärtigen Stand die Aktion nicht an die große Glocke hängen wollte, werden die beiden mit einem unauffälligen, auf Spezialradar umgerüsteten Geländefahrzeug kommen, das über Schleppantennen die unterirdischen Ortungen vorzunehmen vermag.

Anschließend gibt Stadelmann einen zusammenfassenden Bericht über die Ergebnisse seiner während der letzten Wochen betriebenen Forschungen in Buchenwald und im Staatsarchiv. Neben dem Nachweis kontinuierlichen Häftlingseinsatzes im »Zweckverband« (so nannte sich offiziell das Bauvorhaben Gauforum) ist vor allem interessant, daß die Russen dort nach Kriegsende geradezu unglaubliche Materialmengen verarbeitet haben, die selbst für einen Bauexperten wie Stadelmann, der ja zudem noch den ganzen Komplex in- und auswendig kennt, völlig unerklärlich sind. –

Abends Anruf vom Verleger: Der Kontakt zur ZEIT ist hergestellt, Dr. Janßen aber diese Woche noch in Urlaub; ihm ist unter dem Stichwort »Bernsteinzimmer« die Bitte hinterlassen worden, unverzüglich mit dem Gustav Kiepenheuer Verlag in Leipzig Verbindung aufzunehmen.

30. Oktober 1991: Wenn ich es recht überdenke, könnten wir hier in Weimar eigentlich wie die Spinnen im Netz bewegungslos verharren – sie kommen alle zu uns, müssen zu uns kommen, weil nach den anderweitigen Mißerfolgen die einzige noch mögliche Spur an diesen Ort führt. Wir sollten nur ständig auf der Hut sein, daß man uns dabei nicht überrollt.

3. November 1991: Ich habe mir noch einmal Wermuschs Buch »Die Bernsteinzimmer-Saga« vorgenommen und diese aktuellste Publikation ganz gezielt durchforstet. Es hat sich auch gelohnt, ist mir doch beim ersten flüchtigen Lesen folgende Passage entgangen: »Übrigens war Erich Koch Ende Februar 1945 bei seinem ›Amtsbruder‹ Fritz Sauckel in Weimar. Dafür gibt es Zeugen, auch wenn der Großdeutsche Rundfunk just zu dieser Zeit meldete, Koch bereite die Festung Königsberg auf die ›Entscheidungsschlacht‹ vor.« Mir waren aus jenen Tagen nur die persönlichen Besuche Bormanns in der Goethestadt bekannt, und die konnten durchaus privaten Charakter haben, lebte doch hier seine Mutter in der Belvederer Allee. Was aber bewog Koch, während entscheidender Stunden die ostpreußische Festung für einen Abstecher nach Weimar zu verlassen? Es ist ein neuerliches Indiz für unsere Vermutungen, und so sehr ich mich um Objektivität bemühe, habe ich noch kein einziges ernst zu nehmendes Gegenargument registrieren müssen – alles spricht für unsere Deutung, nichts dawider!

6. November 1991: Dr. Janßen von der ZEIT hat sich bei meinem Verleger gemeldet. Wie ich von diesem erfahre, ist während des Gesprächs aus anfänglichem Skeptizismus nach gezieltem »Anfüttern« rasch ein spürbares Interesse gewachsen. Dr. Janßen wird sich in den nächsten Tagen mit Gräfin Dönhoff, die schon Georg Stein und Philip Remy gefördert hat, absprechen und dann einen Termin zum Treffen in Weimar vorschlagen.

Der Kiepenheuer-Chef ist durch das Telefonat auch vom Dementi der ursprünglich verlauteten Absicht Jelzins unterrichtet, beim bevorstehenden Bonn-Besuch bedingungslos wertvolle Kunstwerke als »Geste des guten Willens« an Deutschland zurückzugeben, und fragt mich nun, ob dieser plötzliche Gesinnungswandel möglicherweise auf meine Absprachen mit dem Baron zurückzuführen sein könnte. Ich selbst habe schon mehrfach darüber nachgedacht, kann aber weder ihm noch mir eine schlüssige Antwort geben. Für mich ist dies zwar eher eine Duplizität der Ereignisse, doch ausschließen kann ich einen solchen kausalen Zusammenhang freilich nicht, und damit wächst jenes bedrückende Gefühl, in ein von mir nicht mehr überschaubares, geschweige denn kontrollierbares Räderwerk geraten zu sein.

11. November 1991: In den zurückliegenden Tagen – und nunmehr noch in einer mörderischen Nachtschicht – habe ich das fällige Manuskript der »Romantischen Ansichten von Eisenach« abgeschlossen. Ich verdanke dieser Stadt eine erfüllte Kindheit und Jugend, in deren Geborgenheit ich mich bei der Bearbeitung der Texte zurückgeträumt habe. Es fällt schwer, sich nun wieder den aktuellen Aufgaben zu stellen – man möchte lieber zu Füßen der Wartburg in einem stillen Wald verweilen und Ruhe finden in der Gelassenheit der Natur. Das klingt kitschig, ist aber von fast schmerzhafter Faszination und als Fluchtvorstellung wohl ein Ausdruck wachsender Müdigkeit.

14. November 1991: Erneut in Weimar, habe ich nachmittags ein durch Gitta Günther vermitteltes offizielles

Gespräch mit dem Präsidenten der Stadtverordnetenversammlung, Dr. Wolfram Huschke. Es ist endlich einmal eine Aktion mit konkretem Ergebnis: Dr. Huschke bedauert nach meiner zusammenfassenden Darstellung die bisherigen Versäumnisse der Kommune und bietet sofortige persönliche Unterstützung an, als deren ersten Schritt er die kurzfristige Bildung eines kleinen, aber entscheidungsbefugten Gremiums vorschlägt, das alle diesbezügliche örtliche Kompetenz bündelt; er selbst erklärt sich zur Beteiligung bereit. Nachdrücklichst betont der Stadtpräsident die hohe kommunale Mitverantwortung an dieser international bedeutsamen Aufgabe, nicht zuletzt auch wegen der hier besonders verpflichtenden Geschichtsaufarbeitung. Er nennt noch einen weiteren, mir bislang nicht bekannten Aspekt für ein vordringliches Engagement in dieser Sache: Es ist nämlich in absehbarer Zeit geplant, das Gauforum baulich umzugestalten, was natürlich eine sorgfältige »Tiefenprüfung« des gesamten Geländes voraussetzt, so daß durch Vereinigung der Kräfte die berühmten zwei Fliegen mit einer Klappe zu schlagen wären. Dies alles klingt überzeugend und konstruktiv und gibt Auftrieb, zumal mein persönlicher Eindruck die vordem mehrfach erfahrene Wertung bestätigt, in Dr. Huschke einen überaus zuverlässigen Partner mit großem Durchsetzungsvermögen sehen zu können. –

Synchron zu diesem Gespräch ist heute der mir von unserer Begegnung im September bekannte Jürgen Drossart vom NDR bei Stadelmann gewesen. Er hat geäußert, daß seiner Meinung nach das Erzgebirge wohl endgültig abzuschreiben wäre, Weimar mehr und mehr an Wahrscheinlichkeit gewinne und nach internen Informationen Bonn bereits damit beschäftigt sei; der Baron scheint zu funktionieren! Drossart hat Stadelmann auch mitgeteilt, es ginge bei der Suche hier vor Ort nicht nur um Sachwerte, sondern beispielsweise um das Aufspüren von Geheimziffern noch existierender SS-Nummernkonten in der Schweiz mit mehrstelligen Millionenbeträgen – die Dimension unserer Aufgabe ufert in immer unüberschaubarere Größenordnungen aus.

15. November 1991: Dr. Janßen ist morgens auf dem Flughafen Leipzig-Schkeuditz gelandet, vom Kiepenheuer-Chef abgeholt und in erstaunlich kurzer Zeit nach Weimar gefahren worden. Er wirkt in überaus seriöser, zurückhaltender und dennoch klug engagierter Weise gleichsam wie eine Personifizierung der renommierten Wochenzeitung. Nach Vorgespräch und Ortsbesichtigung erklärt er mit der scheinbaren, aber um so glaubhafteren emotionalen Kargheit des Norddeutschen, seine anfängliche Skepsis sei ausgeräumt, die Erwartung weit übertroffen und Weimar die wahrscheinlichste aller ihm bisher bekannt gewordenen Hypothesen. Er werde dementsprechend in einer der nächsten Ausgaben der ZEIT berichten, dabei den Bonn-Besuch Jelzins und die im Vorfeld entfachte Diskussion über den Austausch geraubter Kunstgüter zum aktuellen Anlaß nehmen und so den Rang unseres Projektes als internationales Politikum bekräftigen. –

Während der vorangegangenen Besichtigung des Hauses der Parteigliederungen hat Stadelmann eine überraschende wie einleuchtende Erklärung für die mysteriösen Zahlenkombinationen auf den durchgehenden Zementwänden der zweiten Kelleretage gegeben, die von der Stasi als »hebräische Schriftzeichen« (!) gedeutet wurden: Es sind die in Zoll genannten Außen- und Innenmaße der Heizungs- und Wasserrohre, die in die dahinter verborgenen Räume führen; dies sei – so hat er in Erfahrung gebracht – vor allem in Holland, Belgien und Frankreich üblich gewesen, was die Annahme bekräftigt, daß auch hier Buchenwald-Häftlinge im Einsatz waren. Eine weitere, weniger erfreuliche Überraschung bot sich, als Stadelmann den schon einmal Ende Juli gewaltsam geöffneten unterirdischen Durchgang von der Ruine des Landesmuseums zum ersten Kellergeschoß des Hauses der Parteigliederungen als frisch vermauert präsentieren wollte: Die Wand ist erneut durchbrochen! –

Kaum sind Dr. Janßen und mein Verleger abgefahren, meldet sich telefonisch ein Herr Büttner. Ich ahne natürlich nicht, mit dem Weimarer Oberbürgermeister zu sprechen, bis er sich als solcher zu erkennen gibt und um eine möglichst sofortige Unterredung bittet – und dies am späten Freitag nachmittag, da sonst das Rathaus ab zwölf Uhr geschlossen ist! Die Erklärung verkörpert sich im ebenfalls anwesenden Stadtpräsidenten Dr. Huschke, dessen so rasche Reaktion ich mir noch nicht einmal erträumt habe. Zumindest ebenso verwundert registriere ich nach meinem Kurzvortrag das unverzügliche energische Engagement des Oberbürgermeisters Klaus Büttner – promovierter Jurist und zehn Jahre in Bonn tätig gewesen –, das sich in geradezu stabsplanmäßigen Sofortmaßnahmen äußert: Noch über das bevorstehende Wochenende wird er Kontakt aufnehmen zum Bonner Bundeskanzleramt, zum BKA und zum Thüringer Innenminister, Dr. Huschke gleichermaßen zum Kultusministerium der Landesregierung; das vom Stadtpräsidenten vorgeschlagene Gremium sei weitaus höher anzubinden und müsse sowohl Bundes- als auch Landesregierung verantwortlich einbeziehen und in kürzester Frist konstituiert sein. – Ich habe den Eindruck, ja die Gewißheit, daß dies ein ganz entscheidender, unumkehrbarer Schritt aus der privaten Anonymität in die organisierte Öffentlichkeit ist. Die monatelangen, zermürbenden Anläufe waren also nicht umsonst – der Countdown läuft und ist wohl kaum noch aufzuhalten! –

Stadelmann, den ich anschließend über das Gespräch informiere, verblüfft mich ein weiteres Mal: Wie er sagt, habe er bislang bei Kontakten unterschiedlichster Art wie auch bei Veröffentlichungen ganz gezielt meinen Namen ausgespart, um mich nicht auch zu gefährden, habe bewußt eine alleinige Blitzableiterfunktion für zum Teil sehr massive Bedrohungen übernommen, um mir Rücken, Kopf und Hände freizuhalten, damit ich im gemeinsamen Interesse in Bereichen wirksam werden konnte, die ihm verschlossen waren; der nunmehrige Erfolg bestätige die Richtigkeit dieser Taktik. – Er ist ein Fuchs, den alle unterschätzen, aber mir ein zuverlässiger, geradezu liebenswerter Partner!

18. November 1991: Auf Bitte des Weimarer Oberbürgermeisters bin ich nach knappem Familien-Wochenende in Leipzig schon wieder vor Ort, um gemeinsam mit Stadelmann und dem vom Magistrat kurzfristig beauftragten Baubetrieb die von mir angemahnte Sicherung des bereits mehrfach durchbrochenen Stollens zwischen Landesmuseum und Haus der Parteigliederungen abzusprechen. Wir treffen uns morgen in aller Frühe.

19. November 1991: Mit dem Baubetrieb kommt es zu einer raschen Einigung: Der Mauerdurchbruch wird geschlossen, dann der gesamte Treppenabgang vom Landesmuseum zu den Kellern des angrenzenden Gebäudes verfüllt und mit einer Betonplatte abgedeckt; es mutet schon grotesk an, daß unsere erste konkrete Unternehmung hier im Objekt ein – Zumauern ist!

Während wir noch diskutieren, taucht überraschend Dr. Huschke auf. Wie er mitteilt, sind der thüringische Innen- und der Kultusminister bereits unterrichtet, ebenso der Weimarer Polizeichef; auch würden auf der heutigen Sitzung des Landeskabinetts die weiteren Regierungsmitglieder einschließlich des Ministerpräsidenten Duchac informiert. Die Kontakte des Oberbürgermeisters zum Bundeskanzleramt und BKA seien noch im Gange. Unsere Kommission soll sich schon in der nächsten Woche konstituieren und einen konkreten Ablaufplan beschließen, der von Stadelmann und mir einzubringen wäre. – Dieser Stadtpräsident ist für uns ein wahrer Glückstreffer!

20. November 1991: Heute ist Buß- und Bettag. Ich habe mir zwar weder das eine noch das andere vorgenommen, aber ein paar ruhige Stunden ohne Bernsteinzimmer sollen es zumindest werden. –

Schon ein morgendlicher Anruf von Stadelmann signalisiert einen anderen Verlauf: Thüringische Tageszeitungen – in Sachsen sind heute keine erschienen – berichten, daß gestern die Moskauer »Rabotschaja Tribuna« gemeldet hat, das Bernsteinzimmer sei »in einem Militärobjekt der Sowjetarmee in Ostdeutschland« entdeckt worden; das Pressezentrum der Westgruppe der Roten Armee in Wünsdorf hat jedoch sofort energisch dementiert und eine Untersuchung der Fehlinformation angekündigt. Ich erinnere mich, dem Baron erklärt zu haben, der Bereich des Weimarer Gauforums sei jahrelang von der Sowjetischen Militäradministration verwaltet worden – ist dies möglicherweise der Ausgangspunkt für die Falschmeldung?

Die Konfusion wird komplett, als wenig später Falz-Fein aus Liechtenstein anruft. Er bittet im oben genannten Zusammenhang, eine Telefonnummer in Potsdam zu wählen und mich unter Bezug auf ihn anschließen zu lassen an den mysteriösen Vorgang. Ich tue dies, treffe auf einen nur russisch sprechenden Partner, warte eine kleine Ewigkeit, bis sich der Dolmetscher meldet. Mein nun formuliertes Anliegen kommt mir selbst etwas abenteuerlich vor, zumal ich nicht weiß, mit welcher Dienststelle ich eigentlich spreche und welche Aktivitäten dort der wohl zumindest suspekt wirkende Anruf auslöst; man verspricht in höflich-korrektem Ton rasche Rückmeldung über meine angegebene Leipziger Telefonnummer, doch zweifle ich schon jetzt an dieser Zusage.

Der Baron hat noch angekündigt, daß der sowjetische Kulturattaché in Deutschland, Botschaftsrat Alexander Maslakow aus Bonn, baldigen Kontakt mit mir aufnehmen wird; Falz-Fein selbst trifft am kommenden Sonnabend mit Jelzin in Stuttgart zusammen.

22. November 1991: Morgens meldet sich der Baron aus Liechtenstein und fragt nach aktuellen Begebenheiten vor Ort, die ich ihm nicht vermelden kann. Nachmittags ruft Dr. Janßen aus Hamburg an, läßt sich über die jüngste Entwicklung kommunal- und landespolitischer Anbindung unseres Projektes informieren und kündigt für kommenden Donnerstag den »Einstiegsartikel« über die neue Weimarer Spur an, auf deren journalistische Weiterverfolgung er größten Wert legt. Mir ist diese Partnerschaft überaus willkommen, handelt es sich doch bei der ZEIT um die für mich international bedeutendste und vor allem seriöseste deutsche Wochenzeitung.

Den Glanzpunkt dieses Tages setzt Uwe Jentzsch, der mir telefonisch aus Weimar mitteilt, Boris Jelzin habe vor dem Außenpolitischen Ausschuß des Deutschen Bundestages erklärt: »Wir wissen jetzt, wo das Bernsteinzimmer ist. Geben Sie uns die Genehmigung, daß wir es ausgraben können!« Mir geht ein Kribbeln über den Rücken, da diese sensationelle und von der Weltpresse entsprechend aufgegriffene Aussage doch nur auf meinen Informationen an Falz-Fein beruhen kann und ich solchermaßen erst- und wohl einmalig eingreifen konnte in international hochrangigstes Geschehen.

Ich telefoniere mit Stadelmann und mahne absolute Zurückhaltung bis zu meiner Weimarer Ankunft am Montag an; den Stadtpräsidenten Dr. Huschke unterrichte ich, daß Jelzins Darstellung mit an Sicherheit grenzender Wahrscheinlichkeit auf meinem ihm über den Baron zugespielten Material basiert. Das schon jetzt heillose Durcheinander wird sich in den nächsten Tagen wohl noch steigern, aber die Weltöffentlichkeit ist nunmehr endgültig alarmiert!

23. November 1991: Die heutigen Tageszeitungen sind natürlich voll von der gestrigen Sensationsmeldung und Spekulationen aller Art. »Bild« veröffentlicht ein Interview mit dem Staatssekretär im Ministerium für Wissenschaft und Kunst in Erfurt, Dr. Werner Brans: »›Wenn ich die vermutete Stelle nennen würde, hätten wir sofort eine Völkerwanderung von Schatzsuchern.‹ Thüringen? Brans: ›Wir verfolgen eine heiße Spur, schon in den nächsten Tagen werden wir Klarheit haben‹« – nichts gegen den Herrn Staatssekretär, aber vor einer Woche hat er von unserem Projekt noch überhaupt nichts gewußt! »Bild« weiter: »In der nächsten Woche sollen sowjetische Spezialisten in Thüringen eintreffen – auch Sprengstoffexperten.« Und der »Mitteldeutsche Expreß« weiß zu vermelden: »Die thüringische Landesregierung hat eine Arbeitsgruppe gebildet, die nach dem verschollenen Bernsteinzimmer suchen soll.« –

Mein Telefon in Leipzig klingelt fast unaufhörlich: Stadelmann, dessen Belagerung durch RTL plus und »Super-Zeitung« ich rechtzeitig abblocke; Stadtpräsident Dr. Huschke, der mich über ein Gespräch mit dem thüringischen Wissenschaftsminister informiert; Uwe Jentzsch, der mir berichtet, bei dpa stehe man gewissermaßen Kopf, und alles drehe sich nur noch um das Bernsteinzimmer. Ich komme nicht mehr nach mit dem Niederschreiben, die Ereignisse und Nachrichten überschlagen sich, auch werde ich mich künftig bei meinen Tagebuchnotizen auf die wichtigsten Fakten beschränken müssen, zumal ein Großteil der bevorstehenden Entwicklung ohnehin durch die Medien öffentlich gemacht werden dürfte. –

Die Bombe ist für meine Begriffe zu laut explodiert; ein bedächtigeres Vorgehen auf diplomatischem Wege wäre mir lieber gewesen. Aber was soll's, ich wollte ja die Bewegung und muß nun sehen, das Beste daraus zu machen. Vor allem darf ich jetzt nicht die Ruhe und Übersicht verlieren. Morgen schon, am frühen Sonntag, fahre ich nach Weimar, wo Dr. Huschke für mich ein Interview mit dpa und der »Frankfurter Allgemeinen Zeitung« vereinbart hat – ich muß nun erstmals das Visier hochklappen und mich meiner bisherigen bewußten Bedeckung entledigen.

24. November 1991: Mehrstündiges erfreuliches Pressegespräch, alldieweil seriös, mit dpa (Simone Rothe) und FAZ (Johann Michael Möller) im Weimarer »Elephant«. Dr. Huschke, der Gastgeber, bestätigt sich als immer prächtigerer Partner, der es vor allem versteht, unser eigentliches Anliegen – die Geschichtsaufarbeitung – über die erwartete Sensation zu stellen. Wir vereinbaren mit beiden Publikationsorganen eine weitere kontinuierliche Zusammenarbeit, in welche auch die Hamburger ZEIT eingeschlossen werden soll. –

Meine Hoffnung auf einen ruhigen Nachmittag und Abend wird spätestens zunichte, als der Moderator eines führenden Münchner Privatsenders anruft und mich unter Bezugnahme auf das eben eingegangene dpa-Telex um ein sofortiges Telefon-Interview bittet; die hiesige Fernsprechnummer hat er auf verblüffend einfache Weise über die Auskunft erfragen können. Mit dem NDR, der sich wenig später meldet, vereinbare ich ein Live-Gespräch für morgen früh. Alle weiteren Anrufe blocke ich ab, bin ja schließlich von Hamburg bis München über die gesamte Nord-Süd-Ausdehnung Deutschlands vereinnahmt worden und ziehe endlich gegen 19 Uhr das Telefon aus der Steckdose. Zuvor habe ich noch unsere familiären Freunde Annerose und Günther Reinhardt sowie meinen dortigen ältesten Sohn Wolf-Rüdiger in Suhl von der jüngsten Entwicklung unterrichtet. Sie wähnen mich in Gefahr, haben schon das Auto gestartet, um mich diese Nacht in Sicherheit zu bringen; ihre Fürsorge ist rührend und beglückend zugleich, und es kostet große Mühe, sie davon abzuhalten.

25. November 1991: Wir treffen uns mittags mit den gestrigen Gesprächspartnern von dpa und FAZ zur Ortsbesichtigung im ehemaligen Gauforum. Während des Rundgangs tauchen plötzlich die Vertreter von zwei Boulevard-Blättern auf, die nicht einsehen wollen, daß dies kein öffentlicher Pressetermin, sondern gewissermaßen die optische Fortsetzung eines gestern begonnenen Interviews ist. Es kommt zu einem heftigen Wortwechsel, in dessen Verlauf ich jegliche Information verweigere. Da keine Verständigung möglich zu sein scheint, brechen wir schließlich die weitere Besichtigung ab. Mir ist das alles andere als angenehm, war ich doch selbst lange Jahre als Journalist tätig, aber es muß uns nun vorrangig um das Eindämmen der ausufernden, oberflächlich recherchierenden Sensationsberichterstattung gehen. Frau Rothe von dpa bringt die momentane Situation auf den Punkt: »Dies ist ja nicht mehr Weimar, sondern schon Klondike!« In diesem Zusammenhang paßt die Mitteilung des Hausverwalters, daß sich die nächtlichen Einbrüche in das Objekt rapide häufen.

Abends – ich habe den ganzen Tag das Telefon außer Betrieb gesetzt – schließe ich mich wieder an die Außenwelt an, da ich eine Variante gefunden habe, pausenlose Ferngespräche nach Wichtigkeiten zu selektieren: Ich melde mich einfach als mein Bruder und »Sprachzwilling«, der mir gleichsam als lebender Anrufbeantworter die Nachrichten hinterläßt. Erstes »Opfer« wird der Fernsehsender SAT 1, der eine Einladung nach Berlin ausspricht.

26. November 1991: Drei Presse-Interviews über mich ergehen lassen, sieben (!) Fernsehtermine vereinbart – der Rummel geht mir langsam auf die Nerven, und wenn ich mir vorstelle, was erst los sein wird, sollten wir tatsächlich fündig werden, möchte man den ganzen Kram zusprengen! –

Bevor ich gegen 19 Uhr auf Tauchstation gehe, das heißt das Telefon herausziehe, erreicht mich noch ein Anruf von Action-Press Hamburg, der größten deutschen Farbagentur, die außer der Bundesrepublik neunzehn weitere Länder beliefert. Man biete die Teilfinanzierung konkreter Suchaktionen beispielsweise seitens der Illustrierten »Quick« und eventuell auch »Stern« an; wir vereinbaren weiteren telefonischen Kontakt.

Von Mitmietern erfahre ich am Abend, daß während meiner Abwesenheit zumindest der Hessische Rundfunk und die englische Nachrichtenagentur Reuter das Haus »belagert« haben. Ein spätes Telefonat mit meiner Frau in Leipzig erweist eine beginnende Einbeziehung auch der dortigen Adresse: Ein Korrespondent aus dem Schweizer Kanton Graubünden möchte für die amerikanische Nachrichtenagentur Associated Press (AP) berichten, ein Journalist aus Bonn wird gleichermaßen an meine Weimarer Telefonnummer verwiesen. Trotz dieses sich andeutenden »Zweifrontenkrieges« muß ich Stadelmann unbedingt entlasten – er hält sich zwar prächtig, genießt auch das »Bad in der Menge«, ist aber total überfordert.

27. November 1991: Vormittags drei Fernseh-Interviews gegeben, nachmittags telegraphisch – da ich das Telefon noch immer die meiste Zeit blockiere – eine Einladung zum Gespräch mit der von der thüringischen Landesregierung auf Grund meines vorliegenden Thesenpapiers gebildeten interministeriellen »Arbeitsgruppe zur Sicherung von Kunst und Kulturgut« nach Erfurt erhalten.

Die heutige »Thüringer Allgemeine«, mit Abstand auflagenstärkstes Blatt des Landes, bringt ein ausführliches und sachliches Interview, das – zumal mit vierspaltigem dpa-Foto versehen – mich veranlaßt, zur Vermeidung lästiger privater Befragungen nur noch im Schutz der Dunkelheit mein allabendliches Bier zu holen; doch selbst von diesem freundlichen Verkäufer werde ich identifiziert!

28. November 1991: Beim nun schon fast zum Tagesablauf gehörenden vormittäglichen Fernseh-Interview treffen wir alte Bekannte wieder: Jürgen Drossart (NDR) und Andreas Oberholz (Union-Pressehaus). Stadelmann pflaumt sie an: »Das hättet ihr alles schon vor Wochen haben können, aber ihr wolltet ja nicht, habt lieber im Erzgebirge rumgestochert!« Drossart: »Wir haben nicht geahnt, wie gut Herr Schneider ist.« Mir geht dieses Lob von einem so erfahrenen altbundesdeutschen Journalisten runter wie Öl! –

In der heutigen Hamburger ZEIT ist der umfangreiche Artikel Dr. Janßens abgedruckt – ein glänzend geschriebener Beitrag mit großem Engagement, direkter Ansprache der Verantwortlichkeit Bonns und überraschend zuversichtlichem Tenor, der schon in Überschrift und Unterzeile deutlich wird: DIE GANZ HEISSE SPUR. WENN NICHT ALLES TÄUSCHT, IST DAS BERÜHMTE BERN-

STEINZIMMER BALD GEFUNDEN. Erstmals wird im Text mein entscheidender Nachweis der Notlüge Dr. Scheidigs öffentlich gemacht; die »Thüringer Allgemeine« wiederum hat gestern meine Kontakte zu Baron von Falz-Fein dargestellt und daß die sensationelle Äußerung Jelzins vor dem Auswärtigen Ausschuß des Deutschen Bundestages (»Wir wissen jetzt, wo das Bernsteinzimmer ist«) auf der ihm von mir zugespielten Materialsammlung beruhen dürfte. Ich habe damit endgültig meine langgehegte Befürchtung verloren, aus der aktiven Beteiligung am Projekt in eine passive Zuschauerrolle abgeschoben werden zu können, zumal auch die renommierte FAZ von heute schreibt:

»Die ganze Angelegenheit wäre wohl die Passion einiger weniger Schatzsucher geblieben, die wie der ukrainische Baron Falz-Fein seit langem schon auf der Suche nach dem Bernsteinzimmer sind, wäre da nicht der Leipziger Historiker Wolfgang Schneider auf den Plan getreten, der aus den ungeordneten Bausteinen Stadelmanns ein stimmiges Bild zu formen begann. Alles, davon war er wohl schnell überzeugt, sprach ernsthaft dafür, im Untergrund des Gauforums die verschollen geglaubte Sammlung Koch zu vermuten. Und schnell fand sich auch ein überzeugendes Indiz dafür, daß der Kronzeuge Scheidig vielleicht doch die Unwahrheit gesagt haben könnte. Dort, wo er die Kunstschätze bis zu ihrem Abtransport aufbewahrt haben will, lagerten sie jedenfalls Anfang April 1945 offenbar nicht mehr. Mit dieser Theorie trat Schneider an die Stadt Weimar heran, die den Aktivitäten Stadelmanns zuvor wenig Beachtung geschenkt hatte, und dort wandte man sich umgehend an das thüringische Wissenschaftsministerium, im selben Augenblick, als die Spekulationen um das Bernsteinzimmer durch die Äußerungen des russischen Präsidenten Jelzin neue Nahrung erhielten. Die historischen Umstände, die baulichen Gegebenheiten, die Quellenlage, alles scheint in der Tat auf das Gauforum hinzudeuten. Auch der Zeitpunkt, an dem sich Schneider an die offiziellen Stellen wandte, war günstig gewählt.« –

Ein abendliches Telefonat mit Dr. Huschke bringt die Information, daß Bonn die Thüringer Landesregierung auf Beschleunigung konkreter Maßnahmen drängt. Der Bundesgrenzschutz stünde Gewehr bei Fuß, der Einsatz der legendären Anti-Terror-Spezialeinheit GSG 9 sei in der Diskussion.

29. November 1991: Außerordentlich enttäuschendes Gespräch mit der auf Landesebene inthronisierten »Arbeitsgruppe zur Sicherung von Kunst und Kulturgut« in Erfurt. Die anwesenden Herren aus den Ministerien für Wissenschaft und Kunst sowie des Innern und der Justiz sind zwar überaus höflich und zuvorkommend, akzeptieren auch meine Argumentation auf Fragen zum vorliegenden Thesenpapier, doch verwundert mich die geradezu demonstrative Bedächtigkeit des geplanten weiteren Vorgehens: Man wolle jetzt zunächst Bauexperten zur eingehenden Prüfung der Unterlagen des Gauforums hinzuziehen; mein Hinweis auf immerhin fünfeinhalb laufende Aktenmeter im Staatsarchiv Weimar, zumal von Stadelmann längst gesichtet, wird mit dem Bemerken quittiert, das halt alles seine Zeit brauche. Der Leiter der wie auf Lebenszeit eingerichteten Arbeitsgruppe will höchstpersönlich die Kunstsammlungsakten durchsehen und ignoriert geflissentlich mein zweimaliges Angebot, dies aus wohl unbestreitbar größerer Sachkenntnis zu übernehmen; denn vor zehn Tagen wußte selbiger ja noch nicht einmal vom Vorhandensein eines solchen Bestandes. Ich komme mir vor wie auf einer Beratung zur Produktion des Jahreskalenders für 1993 und nehme mit innerem Kopfschütteln das arrogante Ignorieren der auf rasche Aktionen drängenden Weltöffentlichkeit zur Kenntnis. Auch ich bin gegen den Medienrummel, doch kann man ihm wohl kaum durch massives »Mauern« (wie beispielsweise das verfügte Betretungsverbot der Gauforumsgebäude bei gleichzeitiger Kompetenzeinschränkung des Weimarer Magistrats) begegnen, sondern nur durch kluges Kanalisieren.

Geradezu fassungslos registriere ich die höfliche, wie selbstverständlich geäußerte Bitte der Arbeitsgruppe, ihr mein gesamtes zusammengetragenes Material zur Auswertung zu überlassen und Stadelmanns Ablaufplan, wo zuerst gesucht werden sollte – also das vertraulichste Ergebnis vieljähriger privater und kostenbelasteter Untersuchungen! –, baldigst nachzureichen. Ich unterdrücke erfolgreich einen cholerischen Ausbruch, erkläre aber knallhart, daß dies von einer zu garantierenden offiziellen Einbindung in den weiteren Fortgang abhängig sei; das wortlose Unverständnis wird komplett, als ich auch noch Beraterverträge, die zumindest unsere Aufwendungen abdecken, ins Gespräch bringe. Man verkündet äußerlich immer noch freundlich, aber innerlich spürbar verschnupft, daß dies auf einer Kabinettssitzung entschieden werden müsse, und ich stelle mir die Frage, ob eine Landesregierung nicht Wichtigeres zu tun hat, als über solche Etat-Pfennige zu diskutieren. –

Abends informiere ich den Weimarer Stadtpräsidenten und durch ihn auch den Oberbürgermeister vom ernüchternden Ausgang der vorgenannten Anhörung. Wenig später meldet sich Stadelmann und berichtet stolz über den eben erhaltenen Anruf einer kanadischen Rundfunkstation via Satellit. Die ganze Welt ist alarmiert, und die abbremsenden Behäbigkeiten des Ländchens Thüringen sind von geradezu Seldwyler Tragikomik. –

Morgen habe ich noch einen Fernsehtermin mit Stern TV. Dann verlasse ich dieses trotz allem liebenswerte

Irrenhaus Weimar und ziehe mich nach der verrücktesten Woche meines Lebens bis auf Abruf zur Familie nach Leipzig zurück.

30. November 1991: Für die nachmittägliche Fahrt nach Leipzig, bei der sich die Reichsbahn angesichts dichten Nebels dem Auto weitaus überlegen zeigt, kaufe ich einige Tageszeitungen, von denen keine ohne Bernsteinzimmer-Report auskommt: Die »Thüringer Allgemeine« veröffentlicht eine Umfrage, die große Zustimmung zur Glaubwürdigkeit unserer Thesen ausdrückt, die »Thüringische Landeszeitung« schreibt: »Ein ganzes Land ist in Aufregung«, und »Bild« gar verkündet unter einem verschwommenen Foto, von dem nur sicher ist, daß es mich *nicht* darstellt: »Historiker Wolfgang Schneider (53): ›Das Bernsteinzimmer ist in diesem Stollen!‹«

Kaum in Leipzig angekommen, meldet sich der Baron aus Liechtenstein. Er scheint nochmals um zehn Jahre verjüngt und damit allmählich in meinem Alter. Ich sei für ihn der Nachfolger von Georg Stein (Gott behüte mich vor dessen gewaltsamem Ende!) und solle mir der Verantwortung bewußt werden, nunmehr der einzige zu sein, der der Welt das einmalige Kunstwerk zurückgeben könnte. Auch schildert er das überaus große internationale Echo auf die neue Spur, die sich schon jetzt in allen Teilen der Erde mit meinem Namen verbinde. Mir ist das alles viel zu überschwenglich, doch lassen mich natürlich solche Worte der seit Jahrzehnten anerkannten »grauen Eminenz« der Bernsteinzimmer-Fahndung nicht unbeeindruckt. Betont sachlich fährt Falz-Fein fort, die sowjetische Botschaft in Deutschland habe ihm eine Kopie des zwischen Kohl und Jelzin vereinbarten Regierungsprotokolls über den gegenseitigen Austausch geraubter Kunstgüter zugestellt, in dem – wenn ich den Baron richtig verstanden habe – Weimar als Suchort besondere Hervorhebung findet. Wie er weiter informiert, würde sich der Druck Bonns auf die thüringische Landesregierung in allerkürzester Zeit massiv verstärken. Bei den geringsten Stockungen vor Ort solle ich ihn sofort unterrichten, und ich bin sicher, daß er dann mit einer nach oben offenen Erdbebenskala die verschlafenen Erfurter Ministerien aus den Angeln zu heben vermag. Hinzu kommt die Macht der Medien und damit der öffentlichen Meinung, sprich des künftigen Wählerpotentials, die ich in Abstimmung mit Stadelmann ganz gezielt so zu orientieren gedenke: Wir sind bereit, schon morgen mit einem konkreten Ablaufplan zu beginnen, und wissen uns solchermaßen in Übereinstimmung mit dem Weimarer Magistrat – aber das Land blockiert! Ich fühle mich insgesamt an einem sehr langen taktischen Hebel, den ich im Interesse der Sache geradezu genüßlich betätigen werde.

3. Dezember 1991: Bei der morgendlichen Zeitungsschau lese ich die dpa-Meldung: »Die Thüringer Arbeitsgruppe zur Sicherung von Kunst und Kulturgut wird noch in dieser Woche die Keller des ehemaligen Gauzentrums der Nationalsozialisten in Weimar besichtigen. Dabei sollen Hinweise auf das verschollene Bernsteinzimmer geprüft werden.« Da weder Stadelmann noch ich von einem solchen Ortstermin unterrichtet sind, verdichtet sich mein Verdacht, daß die Herren der Landesregierung zugunsten eigener politischer Profilierung beabsichtigen, uns auszubooten. Schon gestern habe ich mich in diesem Sinne auf eine telefonische Anfrage der »Thüringer Allgemeinen« unmißverständlich dazu geäußert; Stadelmann bestätigt durch einen Anruf die heutige Veröffentlichung, die mir sicher wenig offizielles Wohlwollen einbringen wird.

Ansonsten sind die zentralen Zeitungen voll von den üblichen Halbwahrheiten. Die amerikanische Nachrichtenagentur AP beispielsweise berichtet: »Falz-Fein hat sich in den letzten Tagen auch mit dem Leipziger Historiker Wolfgang Schneider getroffen. Dieser will Dokumente gefunden haben, wonach der Königsberger Gauleiter Erich Koch das Bernsteinzimmer seiner privaten Kunstsammlung einverleibt, es vor dem Einmarsch der Sowjets nach Weimar geschafft und dort eingebunkert hatte. Diesen Angaben zufolge soll das Bernsteinzimmer heute noch dort liegen, in einem Bunker, zehn Meter tief im Boden vergraben. Schneider sei sicher ein sehr seriöser Mann, meint Falz-Fein zu dieser Version.«

Abends habe ich ein langes Gespräch mit Action-Press Hamburg; wir beraten ein Gegenkomplott zur vermuteten Ausgrenzungsabsicht der Thüringer Landesregierung.

4. Dezember 1991: Die nun schon übliche Flut der jetzt auf meine Leipziger Adresse konzentrierten Medien-Anrufe setzt sich fort. Dabei werden, wie bereits beim Weimarer Anschluß, merkwürdige Nebengeräusche mehrfach so gedeutet, daß beide Leitungen vermutlich abgehört würden. Mir ist das völlig egal, da ich nichts zu verbergen habe. Geradezu diebisch freue ich mich allerdings über den Hinweis meiner Frau – sie ist literarische Übersetzerin aus dem Französischen, Spanischen und Portugiesischen – auf in jüngster Vergangenheit besonders häufig geführte fremdsprachige Telefonate, die den mutmaßlichen Abhördienst fast zur Verzweiflung gebracht haben dürften. Nachdenklich werde ich hingegen bei der von unserer Tochter Sandra in diesem Zusammenhang mitgeteilten Beobachtung, daß vor reichlich zwei Wochen ein ihr unbekannter Mann unser hiesiges Haus fotografiert hat, welches sich nun wahrlich nicht durch architektonische Attraktivität auszeichnet. –

Abends sehe und höre ich mich erstmals zum Thema Bernsteinzimmer in einer aktuellen TV-Sendung (RTL plus).

5. Dezember 1991: Ein Fernsehteam von SAT 1 holt mich vereinbarungsgemäß zum Interview nach Weimar ab. Unterwegs erfahre ich, daß die Arbeitsgruppe der Landesregierung schon vorgestern in einem zweistündigen Rundgang das Gauforum inspiziert und anschließend der Presse erklärt hat, die Suche (!) sei ergebnislos verlaufen, man habe weder das Bernsteinzimmer noch geheime Kellergänge noch verdächtige Hohlräume entdeckt. Ich bin trotz Vorwarnung konsterniert ob dieser dümmlichen Aussage – es brauchte selbst für uns mit der intimsten Ortskenntnis Wochen, möglicherweise sogar Monate und vor allem modernster Technik, um zu einem solchen Urteil zu gelangen. Aber die Herren mit den Röntgenaugen haben das alles optimal verkürzt, vielleicht auch durch Befragung eines dort unten tätigen Handwerkers, ob er nicht irgendwo verdächtige Kisten habe herumstehen sehen. Die Ignoranz ist geradezu unbeschreiblich, und ich weiß nicht, ob es als Borniertheit oder Frechheit oder beides einzustufen ist.

Hoffnung geben die überaus aufmüpfigen Zeitungen dieser Region, deren berechtigten und auszuweitenden Groll ich gezielt nähre. Man schießt auf die ohnehin desolate Landesregierung und ihren wie ein vorweihnachtliches Schaukelpferd wackelnden Ministerpräsidenten, der sich kaum noch einen öffentlichen Anstoß erlauben dürfte. Für den 10. Dezember hat die ob heftiger Pressekritik verschreckte Arbeitsgruppe einen Bericht an das Kabinett zugesichert; von ihm wird es abhängen, ob ich den Landesvätern den nicht unvorbereiteten totalen Medienkrieg erkläre. Die Zwangspause bis dahin werde ich bei meinen Suhler Freunden im geliebten Thüringer Wald verbringen.

14. Dezember 1991: Mein Leipziger Telefon schweigt hartnäckig; kaum ein Anruf in dieser Sache nun schon seit Tagen. Das befürchtete Wellental nach dem erlebten Orkan ist länger und zermürbender als vermutet. Von offizieller Seite noch immer keinerlei Reaktion, nur Stadelmann bestätigt anhaltendes Interesse der Medien, gibt aber auch die mehr als nachdenklich stimmende Information, daß der in unserem Sinne sehr engagierte Redakteur der »Thüringer Allgemeinen«, Rainer Ostermuth, welcher die interministerielle Arbeitsgruppe der Landesregierung harsch kritisiert hatte, binnen Stunden seiner Funktion in der Erfurter Chefredaktion entbunden und ins provinzielle Ilmenau verbannt wurde – die Methode ist sattsam vertraut! –

All dies bedenkend, komme ich zu dem Schluß, daß nur ein nochmaliger Kraftakt die öffentliche Meinung als unsere einzige Waffe mobilisieren kann: Ich werde eine Pressekonferenz über den Stand der Weimarer Bernsteinzimmer-Suche organisieren, nicht mehr in den verbleibenden Tagen dieses Monats, da sich schon jeder auf die Weihnachtsgans oder den Silvesterkarpfen einstimmt, sondern zu Beginn des neuen Jahres; der 7. Januar 1992 soll es sein. Den Baron werde ich dazu als illustren Gesprächspartner einladen. Auch muß Stadelmann und mir etwas einfallen, um die Medien mit möglichst knalligen Informationen »anzufüttern«; die Krypta beispielsweise würde sich hervorragend für neue Schlagzeilen eignen!

16. Dezember 1991: Noch vor Antritt meiner Reise nach Weimar hat sich deren Motiv – die Vorbereitung der Pressekonferenz – durch ein Schreiben des Thüringer Ministeriums für Wissenschaft und Kunst erledigt, das mich Minuten vor der Abfahrt erreicht. Darin heißt es: »Die eingesetzte Arbeitsgruppe hat die Ergebnisse ihrer Recherchen in bezug auf Ihre Informationen in einem Bericht an das Kabinett zusammengefaßt. Neue entscheidende Erkenntnisse haben sich nicht ergeben.« Wie denn wohl auch?! Wichtig aber der folgende Satz: »Weitere Untersuchungen werden durch den Magistrat der Stadt Weimar veranlaßt.« Gott sei Dank, das Land ist raus, die Kompetenz wieder in Weimar, ein vierwöchiges Possenspiel mit sicher nicht unterbezahlten Laiendarstellern zu Ende! Auch der Stadtpräsident Dr. Huschke, den ich unverzüglich informiere, ist hocherfreut, hat er sich doch mehrfach beim zuständigen Minister für eine solche Entscheidung eingesetzt. Nun könnten die ursprünglich vorgesehenen konkreten Maßnahmen der Kommune greifen – wenn nicht, bleibt immer noch das Druckmittel einer momentan zwar mangels Gegner aufgeschobenen, aber keineswegs aufgehobenen Pressekonferenz, wobei ich akzeptieren muß, daß sich in den Resttagen dieses Jahres absolut nichts mehr bewegen wird. –

Stadelmann nimmt die Nachricht vom zumindest vorläufigen Ausklinken der gegenwärtig von anderen Sorgen geplagten Landesregierung – übermorgen erfolgt die Abstimmung zum SPD-Mißtrauensantrag gegen den CDU-Ministerpräsidenten – ebenfalls mit Genugtuung zur Kenntnis. Der Medienansturm auf ihn ist ungebrochen und deutlich internationaler geworden: Für diese Woche haben sich noch eine der bedeutendsten englischen Zeitungen und eine japanische Fernsehstation angemeldet. Geradezu sensationell ist sein Hinweis auf einen dieser Tage in der FAZ veröffentlichten Leserbrief eines in Fulda angesiedelten langjährigen kunstwissenschaftlichen Partners des Weimarer Museumsdirektors Dr. Scheidig, der selbigem die erhoffte Absicht auf einen nicht näher bezeichneten »Bericht an die Regierung eines vereinten Deutschlands« bescheinigt, »aber da kam ihm der Tod zuvor«. Kann es noch eine bessere Bestätigung für die Richtigkeit meiner von Anfang an auf die Person Dr. Scheidigs konzentrierten Nachforschungen geben? Ich bin seit meiner ersten Begegnung mit Stadelmann noch nicht einmal ein halbes Jahr an der gezielten Fahndung beteiligt, doch wir können wohl mit den seitherigen Ergebnissen überaus zufrieden sein. Die Weltöffentlichkeit hat uns zur Kenntnis und damit zugleich unter Kontrolle genommen – Garantie für ein aktives 1992!

1992

5. Januar 1992: Das alte Jahr ist doch nicht ganz so optimistisch zu Ende gegangen wie ursprünglich erhofft, aber die telefonischen Hiobsbotschaften Stadelmanns waren wiederum zu unspektakulär, um gesondert vermerkt zu werden oder gar meinen fest vorgenommenen Weihnachtsfrieden zu stören: Pressemeldungen haben erneut vom erfolglosen Abbruch der Suche in Weimar berichtet, und die diesbezügliche Arbeitsgruppe der Landesregierung hat entgegen der eigenen Aussage im vorgenannten Schreiben an mich ihre weiterbestehende Kompetenz betont. Es wäre ja auch zu schön gewesen, um wahr zu sein! Wir müssen also abermals in den Ring, doch werde ich diesmal mit dem ganz großen Knüppel erbarmungslos draufschlagen, zumal sich auch der Magistrat in vornehmes Schweigen hüllt. Ein Omen vom Jahresbeginn scheint sich zu bewahrheiten: In der Silvesternacht haben meine Familie und unsere Freunde nach alter Tradition Blei gegossen; das einzige deutbare Gebilde stammte von mir und steht nun mahnend auf meinem Leipziger Schreibtisch: ein antiker Faustkämpfer in stimmiger Linksauslage! –

Morgen fahre ich nach Weimar, werde dort die Situation sondieren und – sollte sich nicht ein Wunder an offizieller Aktivität ergeben – unverzüglich die Pressekonferenz vorbereiten; die Zustimmung des Barons zur Teilnahme habe ich über die Feiertage fernmündlich eingeholt.

6. Januar 1992: Im Weimarer Stadtarchiv, welches ich aus schon fast ritualer Gewohnheit gleich nach meiner Ankunft aufsuche, erfahre ich, daß die Sucharbeiten im Jonastal endgültig wie ergebnislos eingestellt worden sind. Ich habe zwar nie etwas von diesem »Konkurrenzort« gehalten, da jeglicher ernstzunehmender dokumentarischer Beleg fehlt, doch wertet natürlich der offizielle Ausstieg das als einzig mögliche Alternative bezeichnete hiesige Gauforum beträchtlich auf, was vor allem in der jetzigen Situation von erheblicher Bedeutung sein dürfte.

Im Stadtarchiv lese ich auch den in der Jahresendbeilage der »Thüringischen Landeszeitung« veröffentlichten ersten Beitrag einer unserer Fahndung gewidmeten dreiteiligen Folge von Henning Pawel. Er hat sich für die in mein Tagebuch aufgenommene Darstellung als immer dicker werdender Zwei-Zentner-Golem durch folgende Einleitung gutartig revanchiert: »Ein so kleiner Mann und ein so gewaltiges Vorhaben! Was der Supermacht UdSSR in 45 Jahren nicht gelang, woran ganze Armeen von Kunstfahndern, Abenteurern, Glücksrittern, Historikern, Journalisten und Idealisten scheiterten – er schickt sich an, es im Alleingang zu bewältigen: Wolfgang Schneider, 1,67 m groß, 144 Pfund schwer, Historiker, Schriftsteller, einer der potentesten Herausgeber der einstigen DDR, rund 50 Bücher [...]« –

Bei einem abendlichen Telefonat mit Stadelmann verbreitet dieser bemerkenswerten Optimismus, der sich auf ihm bekannt gewordene Aktivitäten des Bonner Innenministeriums und vor allem auf die immer drängendere Ungeduld der Medien gründet. So wird noch heute nacht das in dieser Sache überaus engagierte RTL-Frühprogramm als absoluter Einschaltquoten-Spitzenreiter seinen besten Mann nach Weimar in Bewegung setzen; auch andere Medien sind entschlossen, den Aufstand gegen landesherrliche Ignoranz zu proben.

7. Januar 1992: Ab Mittag sind Stadelmann und ich mit dem Chefreporter des RTL-Morgenprogramms, Peter Wüst, unterwegs. Er verbindet professionelle Cleverness mit einer trotz harten Bisses vertrauenserweckenden Seriosität – jene Mischung, der kaum eine noch so fest verschlossene Tür widersteht. Auch zeigt er ein solch ausgeprägtes persönliches Engagement, das zu der Annahme berechtigt, in ihm nicht nur einen Mittler, sondern Partner gefunden zu haben. Daß er das anfangs ein wenig ungläubig zur Kenntnis genommene, jede konkrete Aktivität lähmende Kompetenzgerangel aus eigener Anschauung erlebt, erfüllt mich geradezu mit Genugtuung: Der Magistrat verweist ihn auf die Zuständigkeit des Landes, selbiges wiederum auf die Stadt. Dennoch oder gerade deswegen wird RTL plus schon ab übermorgen mehrere Sendungen zu diesem Thema ausstrahlen. –

Ansonsten unterstreicht der Ausklang des heutigen Tages gleichermaßen die beginnende zweite Medienrunde: Telefonate mit dpa, »Bild«, dem Baron von Falz-Fein in Liechtenstein und mit dem Bonner Korrespondenten der amerikanischen Nachrichtenagentur AP, der sich für übermorgen zum Interview ansagt.

8. Januar 1992: Offiziell rührt sich noch immer nichts. Alles wie gehabt: In die Gebäude des Gauforums ist kein Rein-, an die Akten der Kunstsammlungen kein Rankommen – »nur mit schriftlicher Genehmigung der interministeriellen Arbeitsgruppe der Thüringer Landesregierung«. Und diese übt sich der Öffentlichkeit und uns gegenüber in vertrauter Vogel-Strauß-Politik: nichts sehen und nicht gesehen werden.

Letzteres wird sich in genau einer Woche schlagartig ändern. Für den 15. Januar habe ich das Kaminzimmer im Weimarer Hotel »Elephant« gemietet. Dort wird um 10 Uhr die Pressekonferenz beginnen; die Ankündigung haben dpa und RTL plus übernommen.

9. Januar 1992: Erste taktische Absprache mit Stadelmann. Wir sind uns einig, daß die Pressekonferenz bis ins kleinste und geradezu stabsplanmäßig vorbereitet werden muß. In bewährter Weise konzentriert sich Stadelmann auf bautechnische Fragen und überläßt alles Weitere mir.

Gegen Mittag informiere ich telefonisch die Pressesprecher des Magistrats und des Landesministeriums für Wissenschaft und Kunst über die bevorstehende Veranstaltung und lade für den 15. Januar freundlichst in das Hotel »Elephant« ein. Daß den Herren des Ministeriums diese Offerte überhaupt nicht behagen wird, bedarf keiner prophetischen Gabe, sind sie doch in jüngster Zeit wegen höchst fragwürdiger, von der Presse als undemokratisch bezeichneter Entscheidungen ohnehin in das Kreuzfeuer heftigster Kritik geraten, ja von Hunderten empörter Studenten der Weimarer Hochschule für Architektur und Bauwesen richtiggehend belagert worden. So verwundert mich auch nicht, daß sich Stadelmann eine Stunde später meldet und von einem honigsüßen Anruf des Leiters der interministeriellen Arbeitsgruppe berichtet, der ihn für den 13. Januar zu einem Gespräch nach Erfurt bittet. Jegliche belehrende Vorbereitung darauf erweist sich als überflüssig: Stadelmann hat selbst die Absicht erkannt, einen Keil zwischen unsere Partnerschaft zu treiben und bei ihm die Nachgiebigkeit zu erreichen, über die mit mir nicht zu verhandeln ist. Da wird man aber auf Granit beißen – es ist eine wahre Freude zu beobachten, wie Stadelmann in den letzten Wochen an Größe und Selbstsicherheit gewonnen hat!

10. Januar 1992: Heute fahre ich über das Wochenende nach Leipzig zurück, um ganz konzentriert an der Vorbereitung der Pressekonferenz zu arbeiten und nebenbei auch noch zu versuchen, meine seit Jahresbeginn verschleppte grippeartige Erkältung in den Griff zu bekommen. Es muß mir vor allem etwas einfallen, unsere geplanten, im Grunde nur mittelmäßigen Enthüllungen zur Sensation aufzublähen, da allein dadurch der gewünschte Anschub garantiert und die Öffentlichkeit erneut mobilisiert wird.

13. Januar 1992: Aus dem Weimarer Stadtarchiv entleihe ich zwei schon vor einigen Wochen in einer angekauften Privatsammlung entdeckte Amateurfotos aus den Jahren 1938 und 1940. Es sind sehr interessante Aufnahmen vom Bau des Gauforums, die eindrucksvoll dokumentieren, wie tief und wie weit unterirdische Stollenanlagen in das Gelände getrieben worden sind. Da die Bilder bei der Pressekonferenz als spektakuläre Belege für die Existenz der Krypta dienen sollen, lasse ich sie vergrößern und dreißigmal kopieren, desgleichen unsere zusammenfassende Materialsammlung, die in den Medien als »Schneider-Stadelmann-Thesen« bereits zu einem feststehenden Begriff geworden sind. –

Abends berichtet Stadelmann von geradezu hektischen Betriebsamkeiten im Vorfeld des angesagten Pressegesprächs: Vormittags war er zu einer längeren Unterredung beim Weimarer Oberbürgermeister (der auch mich, allerdings vergeblich, zu erreichen versucht hat), nachmittags bei der interministeriellen Arbeitsgruppe der Landesregierung in Erfurt – erstere Aussprache ob allseitig zugesicherter Unterstützung und angekündigter massiver Eigenaktivitäten des Magistrats von höchst erfreulichem Ergebnis, letztere hingegen mehr mit dem erwarteten flauen Resultat zögerlicher Hilflosigkeit, wie ich dies ja schon während meines eigenen Disputs mit den Herren erleben mußte.

14. Januar 1992: Vormittags kommt Stadelmann zur »Generalprobe« für die morgige Pressekonferenz zu mir. Wir haben die Aufgaben so verteilt, daß ich einleitend einen knappen Abriß der Entwicklung seit Einmischung der Landesregierung geben und solchermaßen ganz energisch die Falschmeldungen von »ergebnislos eingestellter Suche« dementieren werde; anschließend lasse ich dann die »Krypta-Story« steigen und verteile die Fotos, die Stadelmann bautechnisch detailliert erläutern wird. –

Schon seit Tagen steht leider fest, daß Baron von Falz-Fein wegen eines Stirnhöhlenkatarrhs nicht nach Weimar reisen kann. Ich habe ihn wenigstens um eine Art Grußwort gebeten. Tatsächlich steckt der Brief heute in meinem Kasten, ist jedoch so enttäuschend belanglos, daß ich damit beim besten Willen nichts anfangen kann. Andererseits brauchen wir unbedingt seine internationale Autorität, um unser Projekt wirkungsvoll anzuschieben. So entschließe ich mich denn, der Sache etwas nachzuhelfen, und rechtfertige mich vor mir selbst mit dem bekannten Zitat, daß der Zweck die Mittel heiligt: Abends telefoniere ich mit Liechtenstein, erreiche auch glücklicherweise die »graue Eminenz«, beklage das Ausbleiben des vereinbarten Schreibens, biete ersatzweise eine von mir formulierte Erklärung an und bitte beschwörend um Zustimmung. Die Überrumplung gelingt, der Baron willigt nach anfänglichem Zögern ein; ich habe alles auf Band mitgeschnitten und kann also morgen ruhigen Gewissens seine Botschaft verlesen, die gewiß nicht ihre Wirkung verfehlen wird:

»Ich bedauere zutiefst, an der morgigen Pressekonferenz in Weimar nicht teilnehmen zu können. Bitte übermitteln Sie meine Grüße und meine Überzeugung, daß dieser Ort die letzte und wahrscheinlichste aller Möglichkeiten darstellt, der Welt und namentlich dem russischen Volk unersetzbare Kunstschätze und damit moralische Werte internationaler Verständigung und Freundschaft zurückzugeben. Die örtlichen Behörden mögen sich ihrer einmaligen Verantwortung bewußt sein.

Ich danke Ihnen allen, die sich in diesem Sinne einsetzen. Es ist eine Mission, die der historischen Verpflichtung des wiedervereinten Deutschlands entspricht. Die Weltöffentlichkeit hat ein Recht auf Wahrheit.
Vaduz, den 14. Januar 1992 Baron Eduard von Falz-Fein.«

15. Januar 1992: Die knapp zweistündige Pressekonferenz enttäuscht vor allem insofern, als ich mit einem weitaus größeren Andrang gerechnet habe. Einige Teams, darunter RTL plus, sind im Stau steckengeblieben, andere hat die wohl in der Nachrichtenflut untergegangene dpa-Ankündigung nicht erreicht. So sind wir in einem kleinen Kreis von nur etwa zwanzig Leuten, und dies entmutigt mich dermaßen, daß ich am liebsten davonlaufen würde. Ich zwinge mich zu kraft- und lustloser Pflicht, es springt kein Funke über, und nur Stadtpräsident Dr. Huschke als treuer Verbündeter beeindruckt mit klugen Worten und der Versicherung, daß sich der Weimarer Magistrat trotz ungeklärter Kompetenzrangelei mit dem Land nunmehr umgehend und eigenständig dieser Angelegenheit widmen wird; Pressesprecher Vogel unterstreicht selbiges durch die offizielle Verlautbarung, daß Oberbürgermeister Dr. Büttner (er fehlt heute wegen des siebzigsten Geburtstages seines Vaters) unser Projekt in Abstimmung mit dem Bonner Bundeskanzleramt zur Chefsache erklärt hat.

16. Januar 1992: Aus langjähriger Journalistenpraxis weiß ich, daß schwache Pressekonferenzen zuweilen überraschend starke Wirkungen zeigen – dies Glück ist uns zuteil geworden! Die mir zugänglichen Zeitungen berichten heute ausführlich und ganz in unserem Sinne über das gestrige Gespräch, beispielsweise »Bild« mit der obersten Schlagzeile auf der Titelseite »WEIMAR: NEUE DOKUMENTE – SCHATZSUCHE GEHT WEITER«. Erwartungsgemäß wird auch das Grußschreiben des Barons gebührend gewürdigt und vor allem die Passage zitiert, »daß dieser Ort die letzte und wahrscheinlichste aller Möglichkeiten darstellt«, unersetzbare Kunstwerke wie das Bernsteinzimmer doch noch aufzufinden. Thüringer Regionalorgane heben insbesondere die Entscheidung des Weimarer Oberbürgermeisters heraus – und da gibt es wohl kaum ein Zurück! –, unsere Fahndung als Chefsache zu deklarieren. Am meisten aber freue ich mich über den Satz: »Schneider warf der Landesregierung vor, mit der Öffentlichkeit ein Possenspiel zu treiben.« –

Nachmittags fahre ich zu meiner Familie nach Leipzig zurück, gerade noch rechtzeitig, um mich im ZDF-Länderjournal in einem sehr objektiven, an die örtliche Verantwortlichkeit appellierenden Bericht (Franz Fitzke) über die gestrige Pressekonferenz zu sehen. Ich warte jetzt hier in aller Ruhe die erhofften Weiterungen ab.

24. Januar 1992: Aus den Morgennachrichten erfahre ich vom Rücktritt des thüringischen Ministerpräsidenten Duchac. Welche Auswirkung diese Demission möglicherweise auf unser Projekt hat, ist nicht abzusehen, mit an Sicherheit grenzender Wahrscheinlichkeit aber eine nochmalige Verzögerung der Kompetenzklärung zu befürchten. Ein Anruf bei Stadelmann bestätigt dies: Der Weimarer Oberbürgermeister hat ihn wissen lassen, daß eine entsprechende Zusammenkunft von Magistrat und interministerieller Arbeitsgruppe erst für den 4. Februar vereinbart werden konnte.

Also wieder eineinhalb Wochen qualvollen Wartens, in denen sich nichts, aber auch gar nichts bewegen wird! Und vor allem keinerlei Garantie, daß sich nach diesem Termin daran etwas ändert. Auch aus einem anderen Grunde werde ich spürbar unruhiger: Ich habe nun schon seit etlichen Monaten keinen Pfennig Einkommen, kann von meinem am Rande des Ruins stehenden Stammverlag Gustav Kiepenheuer in absehbarer Zeit nichts erwarten, zehre mit drei unterhaltspflichtigen Kindern von einer sich durch enorm gewachsene Lebenshaltungskosten rasant dem Nullpunkt nähernden finanziellen Reserve.

Es ist, als renne man gegen Windmühlenflügel oder Gummiwände an. Kaum ein Tag vergeht, ohne daß die Medien von neuen vermeintlichen Verbergungsorten des Bernsteinzimmers berichten, momentan beispielsweise aus Löbau und Suhl. Wo auch immer ein unterirdischer Hohlraum nur für möglich gehalten wird, erklärt man ihn sogleich zur Schatzkammer. Solche unseriösen Sensationshaschereien schaden unserem ernsthaften Anliegen ungemein, verschwägern uns unfreiwillig mit geltungsbedürftiger Clownerie. Tragikomisch aber ist es, daß an Stellen bloßer Vermutung unverzüglich und mit zuweilen großem Aufwand gegraben wird, hingegen hier vor Ort, wo dokumentarische Belege nachzuweisen sind, nichts geschieht. In mir erhärtet sich mehr und mehr der Verdacht, daß irgendwo irgendwer sitzt, der aus irgendwelchen Gründen unsere Aktivitäten blockiert – er muß aber ganz oben sitzen!

2. Februar 1992: Ich fahre morgen wie wohl bislang kaum so mutlos nach Weimar und erwarte nichts als Enttäuschungen. Meine vorangegangene Einschätzung, gegen Gummiwände anzurennen, ist noch geschönt: Auf selbige könnte man wenigstens wütend einschlagen – geradezu ein Erfolgserlebnis im Vergleich zum momentanen Schattenboxen im luftleeren Raum, ohne identifizierbaren Gegner, aber im Wissen um ihn sich physisch und vor allem psychisch verbrauchend. Es ist ein Scheißspiel, das mit allen sonstigen unbeeinflußbaren Verunsicherungen dieser Zeit nur noch im inzwischen zur Gewohnheit gewordenen allabendlich-nächtlichen Suff zu ertragen ist.

3. Februar 1992: Man muß wohl ganz tief am Boden sein, um sich besser abstoßen zu können – so jedenfalls lautet das Fazit des heutigen Tages, und das mich in Weimar empfangende, meiner miesen Stimmung entsprechende naßkalte Schneetreiben, das dann binnen weniger Minuten einem wochenlang entbehrten blauen Himmel mit strahlendem Sonnenschein wich, ist gleichsam die meteorologisch-symbolhafte Bestätigung. –

Schon der erste Gang zur Sparkasse wird zum Erfolgserlebnis: Mein Verlag hat alle seit langem ausstehenden Zahlungsverpflichtungen an mich beglichen! Dieses vermeintliche Wunder ist bei genauerem Hinsehen allerdings weniger karitativen Absichten zuzuschreiben, sondern vielmehr meiner Androhung, sämtliche Verträge – auch den für dieses noch unvollendete Buch, das vom Thema her immerhin die Chance eines Bestsellers in sich birgt – aufzukündigen.

Der zweite Gang, der mich ins Stadtarchiv führt, erweist sich als noch weitaus bedeutungsvoller: Ich erhalte Ablichtungen von jüngsten Veröffentlichungen, aus denen hervorgeht, daß schon in der Woche nach unserer Pressekonferenz erste Koordinierungsgespräche zwischen dem Weimarer Oberbürgermeister und der interministeriellen Arbeitsgruppe des Landes stattgefunden haben. »Auslöser für diese Aktivitäten war die in der Presse veröffentlichte Kritik des Weimarer Historikers Wolfgang Schneider und des Rentners Hans Stadelmann, Hinweisen auf möglicherweise auf dem Gelände versteckte Kunstwerke werde wegen Kompetenzstreitigkeiten zwischen Erfurt und Weimar nicht gründlich genug nachgegangen.« Schließlich noch die frohe Kunde: »Die Thüringer Landesregierung hat in ihrer jüngsten Kabinettsitzung einen finanziellen Zuschuß von 60 000 Mark für geologische Untersuchungen im Weimarer ›Gauforum‹ beschlossen, wo von einigen Heimatforschern in verschütteten unterirdischen Gängen Reste des Bernsteinzimmers vermutet werden. Der Weimarer Oberbürgermeister Dr. Klaus Büttner soll angekündigt haben, mit dem Bundesgrenzschutz (BGS) Kontakt aufzunehmen, um eine vermutlich unter dem Gauforum befindliche Beton- oder Felsgesteinplatte sprengen zu lassen, damit man Aufschluß erhalte.«

Na also, das ist doch nun wirklich ein mit Freude und Genugtuung zu vermerkendes Ergebnis unserer unentwegten, geradezu penetranten Quengelei! Stadelmann bekräftigt dies noch, als er mir in gemeinsamer Verwunderung mitteilt, daß Experten des Weimarer Tiefbauamtes bereits seit Dezember vergangenen Jahres im Auftrag der Landesregierung in den unterirdischen Bereichen des einstigen Gauforums tätig sind, um unsere Hypothesen zu überprüfen und nebenbei auch neuerliche nächtliche Einstiegsversuche privater Schatzsucher zu unterbinden. In den letzten Tagen hat man Stadelmann hinzugezogen, und so kennt er den Inhalt der für morgen angesetzten offiziellen Berichterstattung vor Vertretern des Landes und des Magistrats: Es ist auf den Punkt genau die Bestätigung unserer Vermutung hier vorhandener unerforschter Hohlräume!

Noch eine weitere interessante Nachricht weiß Stadelmann aus mir unbekannten Quellen mitzuteilen: Der russische Präsident Jelzin habe sich bei seiner Äußerung über das Bernsteinzimmer tatsächlich auf Weimar (und damit auf meine ihm über Baron von Falz-Fein zugespielten Thesen) bezogen, sei aber von seinem eigenen Geheimdienst zurückgepfiffen worden, der wegen hier verborgener, das Ansehen Rußlands belastender Belege bangt.

5. Februar 1992: Heute ist Bernhard Vogel – natürlich ein West-Einflug! – zum neuen Ministerpräsidenten Thüringens gekürt worden; zugleich hat das bisherige CDU/FDP-Landeskabinett, um einen SPD-Mißtrauensantrag zu unterlaufen, geschlossen den Rücktritt erklärt. Da in diesem Wirrwarr »hoher« Politik kaum eine Entscheidung über den konkreten Start unserer Untersuchungen zu erwarten ist, fahre ich bis auf Abruf zu meiner Familie nach Leipzig zurück. Es ist ein beruhigendes Gefühl, mit Stadelmann einen verläßlichen Partner vor Ort zu wissen, dessen Unentbehrlichkeit inzwischen selbst die offiziellen Verantwortlichen begriffen zu haben scheinen.

7. Februar 1992: In einem Kurzinterview mit Weimars Oberbürgermeister Dr. Büttner zu den Ergebnissen der jüngsten Beratung von Vertretern des Landes und der Stadt ist zu lesen: »Jetzt wird der Untergrund des ehemaligen Gauforums untersucht [...] Die Finanzierung ist gesichert. Das Thema wird abgeschlossen. Ehe wir nicht Bescheid wissen, schließen wir nicht die Akten.« Das klingt markig, ist aber unzweifelhaft ernst zu nehmen – dennoch oder gerade deswegen müssen Stadelmann und ich um so mehr darauf achten, den Fuß in der Tür zu behalten!

11. Februar 1992: Mein jüngster Sohn Alexander feiert heute seinen fünfzehnten Geburtstag. Ich bin ihm noch vom vergangenen Jahr wegen der auf eigenen Wunsch entfallenen Jugendweihe ein repräsentatives Geschenk schuldig. Natürlich soll es eine Stereo-Anlage sein, keineswegs die teuerste, zudem die verständnisvolle Einschränkung: »Aber nur, wenn du es dir leisten kannst!« Ich bin gerührt und beschämt zugleich, froh aber ob der Gewißheit, daß er mich auch dann nicht verdammen würde, wenn ich seine bescheidene Bitte unerfüllt lassen müßte. –

Am späten Abend taucht überraschend mein Freund und Arzt Michael Kretschmar auf. Wir sehen uns nicht mehr so oft wie früher, als wir zumindest zum fast regelmäßigen Skat und Umtrunk zusammenkamen, hat doch heute jeder mit seinen eigenen Problemen zu kämpfen. Aber es ist nie ein Zweifel entstanden, daß unsere Freundschaft auch und gerade in dieser so egoistisch orientierten Zeit zu bestehen vermag. Seine Praxis läuft gut, gibt Anlaß zu hochfliegenden Plänen beispielsweise eines eigenen Ärztehauses. Obwohl wie ein Berserker schaffend, nimmt er großen Anteil an meiner Arbeit – auch an den momentanen finanziellen Problemen, die er mir lächelnd mit einem fast unbegrenzten Kreditangebot aus der Welt fegt. Was mich dabei doppelt freut, ist sowohl die beruhigende Garantie – die ich ihm übrigens in der Vergangenheit mit umgekehrtem Vorzeichen auch schon einmal habe zusichern können –, vor allem aber die neuerliche Bestätigung, daß echte Freundschaft beim Geld doch nicht aufhört.

17. Februar 1992: Bin vor nicht mehr zu zähmender Ungeduld nach Weimar gefahren, um den Ursachen neuerlicher Verzögerung der angekündigten Suchaktionen nachzugehen. Dabei bestätigt sich abermals das Phänomen, daß selbst aktionslose physische Anwesenheit den Prozeß zu befördern scheint: Stadelmann nämlich berichtet in einem abendlichen Anruf, das MDR-Fernsehen habe soeben gemeldet, im ehemaligen Weimarer Gauforum würden Ende Februar aufwendige Nachforschungen hinsichtlich des Bernsteinzimmers und anderer verborgener Kunstschätze beginnen. Ich teile seine Freude und Genugtuung ob dieser offiziellen Verlautbarung, doch nagt ein leiser Zweifel weiter in mir als einem schon zu oft gebrannten Kinde.

Die gute Nachricht läßt mich rasch den lange vermuteten, nunmehr aber zur unangenehmen Gewißheit gewordenen Umstand vergessen, daß mein Telefon abgehört wird. Als ich nämlich nachmittags ein Gespräch führen wollte, war die Leitung wieder einmal völlig tot, was ich mit den aufgebrachten Worten kommentierte: »Das kann doch wohl nicht wahr sein!« – und eben dieser Satz kam mir mit meiner Stimme wie ein Echo aus dem Hörer zurück, als ich kurz darauf erneut abhob. Da haben die Jungs von der Technik wohl ein wenig geschludert!

18. Februar 1992: Auf die gestrige Euphorie folgt schon heute die vorprogrammierte Ernüchterung, die mir ein wutschnaubender Stadelmann mitteilt: Er hat sich wegen der inzwischen auch von dpa angekündigten »professionellen Grabungen« mit dem Leiter der interministeriellen Arbeitsgruppe in Verbindung gesetzt, der ihm eiskalt eröffnete, daß mit der Durchführung eine Spezialfirma beauftragt sei und wir solchermaßen unseren Einsatz als beendet zu betrachten hätten; auch sei uns ab sofort der Zutritt zu den Gauforumsgebäuden strikt untersagt.

Das ist eine Riesensauerei, die mich dennoch weniger überrascht als Stadelmann, der wie ein angeschossener Eber rotiert und schon mit Gott und der Welt telefoniert hat. Die Reaktion sind einhellige Empörung und von allen Seiten – namentlich den Medien – zugesicherte Unterstützung. Mir kommt wieder mein erst kürzlich geäußerter Verdacht vom irgendwo ganz oben sitzenden übermächtigen Blockierer in den Sinn. Wie anders sonst wäre beispielsweise zu erklären, daß sich der Weimarer Oberbürgermeister mit seinen besten Verbindungen zu Bonn von den Erfurter Möchtegern-Politikern so an die Wand drücken läßt?

Die taktische Linie ist klar erkennbar: Erst wollte man die ganze Angelegenheit totschweigen und unter den Teppich kehren, was an den von uns mobilisierten Medien scheiterte, nun möchte man mit dem Feigenblatt der vom Land bewilligten sechzigtausend Mark systematische Nachforschungen vortäuschen, muß aber dabei die Öffentlichkeit fürchten wie der Teufel das Weihwasser – denn man will ja weder ernsthaft suchen, geschweige denn finden.

Was müssen hier für brisante Geheimnisse verborgen sein, wenn sich ihrer Enthüllung noch nach fast einem halben Jahrhundert solch vehementer Widerstand entgegenstellt! In diesen Blickwinkel paßt übrigens auch meine gestern eindeutig nachgewiesene Telefonüberwachung, die sonst keinerlei Sinn hätte.

19. Februar 1992: Dies ist ein denkwürdiger Tag, auf den Stadelmann und ich lange und sehnsüchtig gewartet haben: Heute nämlich beginnen die offiziellen Sucharbeiten auf dem Gelände des einstigen Gauforums! Es handelt sich zunächst um seismische Erkundungen der Freifläche, ausgeführt von einem Weimarer Baugrundlaboratorium und Bergbauspezialisten aus Sondershausen, die bereits im Jonastal eingesetzt waren. Wir haben mehr zufällig von diesem Auftakt erfahren, und so realisiert sich mein Alptraum, die von uns initiierte Aktion im wahrsten Sinne des Wortes als »Zaungast« beobachten zu müssen. Ich tröste mich mit dem Gedanken, daß dies und folgendes eigentlich nur die trotz allem als Erfolg zu feiernde technische Umsetzung unserer Vorgaben ist, deren Urheberschaft die nationalen wie internationalen Medien festgeschrieben haben. Dennoch bleibt ein schmerzliches Gefühl ungerechten Ausgegrenztseins, verstärkt durch die Einsicht, die Macht der neuen Willkür doch unterschätzt zu haben.

Stadelmann, den ich anschließend besuche, muß wohl ähnlich und alles noch viel bitterer empfinden. Er sitzt mir ohne Zeichen von Resignation gegenüber, aber ich spüre seine grenzenlose Enttäuschung, an diesem langersehnten Tag nicht vor Ort sein zu können. Belebung bringt Franz Fitzke vom ZDF, der auf Stadelmanns Hilferuf sofort nach Weimar gekommen ist, mit dem Oberbürgermeister gesprochen hat und die Überzeugung nährt, daß sich dieses Projekt nicht der öffentlichen Kontrolle entziehen kann. Lindernd schließlich noch die Mitteilung eines Reporters aus der auf die interministerielle Arbeitsgruppe gehetzten Pressemeute, der Leiter habe unsere generelle Ausschließung vorsichtig dementiert, ohne jedoch bindende Zusagen zu geben.

20. Februar 1992: Heutige Presseveröffentlichungen üben heftige Kritik am Vorgehen der Arbeitsgruppe des Landes. Angegriffen wird vor allem die dilettantische Geheimniskrämerei, die geradezu groteske Züge annimmt: Während einerseits bestätigt wird, daß Spezialisten zur Bodenerkundung eingesetzt sind, um die von uns vermuteten Geheimdepots zu orten, erklären die ausführenden Firmen, mit Baugrundgutachten für eine Tiefgarage (!) beauftragt zu sein. Zitat aus der »Thüringer Allgemeinen«: »Ein an der Suche Beteiligter, der ausdrücklich nicht namentlich genannt werden wollte, schätzte gestern ein: ›Die ganze Vorgehensweise ist eher dazu angetan, die halbe Welt auf Schatzsuche zu locken, als zu beruhigen.‹«

Wird schon die verhängte Nachrichtensperre hart attakkiert, so hat die Mitteilung unserer Ausgrenzung einen wahren Sturm öffentlicher Entrüstung bewirkt, der sich zu einem zumindest lokalen Skandal auszuweiten scheint. Der entnervte Pressesprecher des Magistrats – übrigens in letzter Zeit wohl auch im Interesse eigener Profilierung unserem Anliegen sehr verbunden – berichtet von einer Fülle empörter Anrufe, die auch Stadelmann erreichen. Dieser hat momentan große kämpferische Stunden, konzentriert in gegenseitiger ständiger Abstimmung alles auf sich und läßt mir die gewünschten Freiräume, mich einige Tage meinem hier während der Winterferien weilenden jüngsten Sohn Alexander zu widmen. –

Kurz vor Mitternacht erhalte ich noch eine schon vorher angekündigte Information Stadelmanns: Pressesprecher Vogel ist am Abend mit drei hochrangigen amerikanischen Gästen zu einer mehrstündigen Unterredung bei ihm gewesen; in Anbetracht der späten Stunde und vor allem wegen meines »undichten« Telefons vereinbaren wir für morgen ein persönliches Gespräch über das nur angedeutete höchst erfreuliche Ergebnis.

21. Februar 1992: Prompt ist heute in der Presse ein energisches Dementi des Weimarer Oberbürgermeisters zu jener Behauptung zu lesen, auf dem Gelände des ehemaligen Gauforums sei eine »Baugrunduntersuchung für eine Tiefgarage« im Gange. Damit ist die plumpe Lüge des Landes offenbart, und wenn – wie ein alter Spruch sagt – Lächerlichkeit tötet, so müßte es spätestens jetzt in der thüringischen Hauptstadt Erfurt mehrere Staatsbegräbnisse geben! –

Vormittags kommt Stadelmann zu mir, den ich noch nie so euphorisch gesehen habe. Was er berichtet, ist allerdings auch dermaßen sensationell, daß selbst die blühendste Phantasie eine solche Wendung schwerlich erfinden könnte. Seine gestrigen Gäste waren der Präsident und leitende Mitarbeiter der in Florida beheimateten Gesellschaft »Global Explorations«. Wie ich den flüchtig durchblätterten Unterlagen entnehme, handelt es sich dabei um ein Unternehmen, das weltweit mit High-Tech auf professioneller

Schatzsuche ist und die bedeutendsten Rundfunk- und Fernsehstationen – beispielsweise BBC, CBS und NBC – sowie über sechshundert Zeitungen und Zeitschriften aller Kontinente beliefert. Die Herren müssen wahrscheinlich durch unsere AP-Interviews aufmerksam geworden sein und sind jedenfalls Feuer und Flamme, haben ihr außerordentliches Interesse ganz seriös in Bonn angehen lassen und sich nun über den Weimarer Magistrat zu den Wurzeln hinuntergetastet. Daß dabei der Präsident höchstpersönlich die weite Reise nicht gescheut hat, spricht wohl für den Rang, der unserem Projekt zugestanden wird, welches man in Bausch und Bogen einkaufen will. Hinweise auf mögliche Widerstände der Landesregierung seien – so Stadelmann – mit mildem Lächeln und der lakonischen Bemerkung quittiert worden, daß Geld nun mal die Welt regiere.

Der Pressesprecher des Magistrats, dem ich wenig später zufällig begegne, bestätigt die Gediegenheit dieses Imperiums, das übrigens in den neuen Bundesländern durch ein reichliches halbes Dutzend von Anwälten einer meiner Leipziger Wohnung benachbarten Kanzlei vertreten wird. Höchstens vierzehn Tage soll es dauern, bis man uns konkrete Vertragsangebote unterbreitet, die mit der Leitung der Aktionen hier vor Ort verbunden sind. –

Morgen fahre ich nach Leipzig, auszuruhen von den Wechselbädern dieser Woche, auf die mein Kreislauf sicher gern verzichtet hätte.

27. Februar 1992: Stadelmann, mit dem ich von Leipzig aus in ständiger telefonischer Verbindung stehe, berichtet heute, die mit der Untersuchung beauftragten Firmen hätten ihn – wohl mit ihrem Küchenlatein am Ende – um Rat gebeten. Er hat selbigen davon abhängig gemacht, angebunden zu werden an die bisherigen Ergebnisse und neuerlich Zutritt zum Objekt zu erhalten. Beides wurde gewährt, womit zumindest er seinen Fuß in der Tür hat. Die ihm streng vertraulich mitgeteilten Informationen fließen natürlich in dieses Tagebuch ein, bis ich selbst Gelegenheit habe, aus eigener Anschauung zu berichten. Es ist dies alles zwar immer noch sehr unerfreulich, aber doch das kleinere Übel gegenüber unserer ursprünglichen absoluten Ausgrenzung. Hinzu kommt Stadelmanns vorsichtige, weil meinen auch hier suspekten Telefonanschluß berücksichtigende Andeutung, daß die seitherigen Nachforschungen vor Ort viel weiter gediehen sind als vermutet und unzweifelhaft unsere Theorie bestätigt haben – Hoffnung also an beiden Fronten!

4. März 1992: Bin wieder in Weimar gelandet und wohl genau im richtigen Moment, wie ich Pressemeldungen entnehme, die sich auf einen Sprecher der Thüringer Staatskanzlei berufen. So heißt es beispielsweise unter der Überschrift WEIMAR ERNEUT IM BERNSTEIN-FIEBER: »Um verschollene Kunstschätze aufzuspüren, sollen unterirdische Hohlräume und Gänge im ehemaligen Weimarer Gauzentrum der Nationalsozialisten voraussichtlich in den nächsten Tagen von Fachleuten geöffnet werden. Heimatforscher hatten Ende vorigen Jahres neue Indizien vorgelegt, daß unter dem Gauzentrum geraubte russische Kunstschätze, unter anderem das legendäre Bernsteinzimmer aus Sankt Petersburg, liegen könnten.« Die Einstufung als »Heimatforscher« paßt mir zwar gar nicht, doch ist die Erwähnung zumindest eine neuerliche und gerade in der gegenwärtigen Situation besonders wichtige, weil öffentliche Bestätigung unserer Urheberschaft. An anderer Stelle ist zu lesen: »Im Auftrag der Landesregierung waren geophysikalische und mechanische Untersuchungen auf den Freiflächen und Radarmessungen in den Kellerräumen des [jetzigen – W. S.] Landesverwaltungsamtes durchgeführt worden, zu denen nun doch der Weimar-Forscher Hans Stadelmann konsultiert wurde.«

Selbiger besucht mich schon kurz nach meiner Ankunft und bestätigt, daß die vierzehntägigen Voruntersuchungen nunmehr abgeschlossen sind und morgen der interministeriellen Arbeitsgruppe ein zusammenfassender Bericht vorgelegt werden soll, der die Grundlage für alle weiteren Entscheidungen ist. Nochmals bekräftigt er, daß die ihm bekannten Ergebnisse eine eindeutige Bestätigung unserer These von hier vorhandenen Geheimdepots sind; er wird versuchen, eine Kopie des Abschlußberichtes für unsere Auswertung zu beschaffen.

5. März 1992: Heute beginnen die Markierungsarbeiten an den aufzubohrenden unterirdischen Gelassen des einstigen Gauforums. Ich wäre gerne dabei, mache nun aber aus der Not, ob unentwegter despektierlicher Angriffe auf bevollmächtigte Vertreter der Landesregierung ausgegrenzt zu sein, die Tugend, bei herrlichstem Vorfrühlingswetter nach Schloß Belvedere zu wandern – und fühle mich dabei glücklicher, als hätte ich den Oberbefehl über die vorgenannten Maßnahmen! –

Gegen Abend ruft Stadelmann an. Er ist soeben von der entscheidenden Sitzung gekommen, die aber keine Zusammenkunft nur der interministeriellen Arbeitsgruppe war, sondern vielmehr die einer fast zwanzigköpfigen, überaus hochkarätigen Einsatzleitung. Was er mir mitteilt, ist so unglaublich, daß ich manche vorherige Unmutsäußerung zurücknehmen muß: Schon morgen nämlich um 16 Uhr beginnt nach vorheriger Pressekonferenz eine bis ins letzte Detail stabsplanmäßig vorbereitete Suchaktion, die in einem Blitzablauf von sechsunddreißig Stunden – dabei die »Entvölkerung« der Verwaltungsgebäude während des

Wochenendes nutzend – eine Vielzahl von Spezialisten und Sicherheitskräften hier vor Ort konzentrieren wird. Dazu gehören Munitionsbergungstrupps aus Erfurt, eine Expertengruppe des Landeskriminalamtes für die Vernichtung unbekannter Sprengmittel sowie Vertreter der Wehrwissenschaftlichen Dienststelle Münster der Bundeswehr zum Entschärfen von Kampfstoff-Fallen; BKA-Mitarbeiter sind verantwortlich für das Endoskopieren, das heißt die Untersuchung von unzulänglichen Innenräumen mittels spiegelartiger Geräte, die durch Bohrlöcher eingeführt werden. Polizeimannschaften und Feuerwehren sind alarmiert, Rettungswagen und Krankenhäuser auf den Notfall vorbereitet. Sprengstoff-Suchhunde werden eingesetzt, die Bohrkommandos mit ABC-Schutzbekleidung versehen. Doppelstreifen sichern ab sofort das Gelände, ein Pressezentrum wird von morgen an rund um die Uhr besetzt sein. Der thüringische Ministerpräsident läßt sich ständig informieren und hat Videos über alle Vorgänge angefordert.

Stadelmann ist geradezu fassungslos ob dieses durchorganisierten Ablaufs, der nun nach Monaten quälender Ungewißheit binnen Stunden Klarheit über unsere Vermutungen schaffen soll. Er hat unter solchem Eindruck sein bis zuletzt bewahrtes geheimstes Wissen offenbart und ist dafür mit der Zusage belohnt worden, bei den streng abgeschirmten Untersuchungen anwesend sein zu dürfen. Auch ich bin von dieser Entwicklung überrascht, habe sofort den Gustav Kiepenheuer Verlag informiert und aufgefordert, Vorkehrungen für die nach Freigabe unverzügliche Drucklegung dieses Tagebuches zu treffen, an dessen Ende nun wohl doch ein erhofftes spektakuläres Ergebnis stehen wird.

6. März 1992: Hatte keine gute Nacht, aber nicht etwa wegen der verständlichen Freude, nach langen aufreibenden Kämpfen jetzt unmittelbar vor dem Ziel zu sein, auch nicht verursacht vom mindesten Zweifel am Erfolg der bevorstehenden Suche – es ist vielmehr eine im Unterbewußtsein schwelende Unruhe, die ich mir nicht erklären kann. –

11.30 Uhr beginnt die Pressekonferenz im großen Sitzungssaal des Weimarer Rathauses. Noch am Vorabend habe ich vergeblich versucht, Dr. Janßen telefonisch zu erreichen, um mich als »Korrespondent« der Hamburger ZEIT zur Teilnahme legitimieren zu lassen. So gehe ich nun mit der Besorgnis zum Termin, möglicherweise als Persona non grata verbannt zu werden. Doch der Empfang ist ein völlig anderer: Die Mitglieder der interministeriellen Arbeitsgruppe begrüßen mich mit herzlichem Handschlag und solch sonnigem Lächeln, wie wenn wir am Beginn eines gemeinsamen Urlaubs auf den Kanaren stünden. Meine Verblüffung steigert sich noch, als der von mir in der Vergangenheit mehrfach öffentlich geschmähte Leiter Dr. Jürgen Seifert in seinen Ausführungen gegenüber den äußerst zahlreich erschienenen Medien mit schon fast peinlicher viermaliger (!) Wiederholung die Schneider-Stadelmann-Thesen zur allgemeinen Grundlage der nun eingeleiteten Maßnahmen erhebt; eigene Nachforschungen seien ohne neue Ergebnisse geblieben und hätten nur unsere Angaben bestätigt, dank derer das Land Thüringen rund 75000 Mark aus Steuermitteln einsetze.

In meine Freude mischt sich Argwohn: Erst die überstürzte Eile des jetzt anlaufenden Unternehmens, die ich nach der monatelangen Verschleppung nicht zu deuten vermag, und nun auch noch die demonstrative Hervorhebung unseres entscheidenden Anteils – aus ebendemselben Munde, der vierzehn Tage zuvor unsere völlige Ausgrenzung und striktes Hausverbot verkündet hat. Woher rührt dieser plötzliche Gesinnungswandel? Muß ich Abbitte leisten oder noch mißtrauischer werden?

Mühsam zwinge ich mich wieder in den Fortgang der Pressekonferenz. Die Rede ist von exakt georteten »begrenzten Flächen fester Resistenz« (vermuteten Betondecken) unter dem Freigelände sowie von vermauerten Kellerräumen bis zu dreißig Meter Länge. Aufkommende Euphorie dämpft Dr. Seifert mit der auffallend bestimmten, Befremden auslösenden Bemerkung, er sei dennoch sicher, »daß nichts gefunden wird«. –

15.28 Uhr: Auf der Freifläche des ehemaligen Gauforums beginnt sich ächzend das erste Bohrgestänge zu drehen. Zahlreiche Kameras sind auf die Männer und Maschinen gerichtet, auch auf Stadelmann, der den wohl größten Tag seines Lebens genießt. Ich gönne ihm von ganzem Herzen diese Hochstimmung, die mich ansteckt und meine Zweifel verdrängt.

Ausgerechnet Stadelmann selbst ist es, der für Ernüchterung sorgt. Er hat mich beiseite genommen und wirkt fern der Journalistenmeute gar nicht mehr so strahlend, eher nachdenklich: Die Arbeiten in den für die Medien hermetisch abgeriegelten Gebäuden verliefen trotz demonstrativer Geschäftigkeit merkwürdig lasch. Kein einziger Raum soll wirklich geöffnet, sondern nur stichprobenartig angebohrt und endoskopiert werden. Verschüttete Keller würden gar nicht geprüft, obwohl er mehrfach darauf hingewiesen hat, daß es sich bei der Füllmasse um ein spezielles, feuchtigkeitsbindendes Ton-Mergel-Gemisch handelt, welches ebenso zur Konservierung wie zur Tarnung und als Splitterschutz dienen konnte. Auch seien beileibe nicht alle von ihm benannten Örtlichkeiten in die Untersuchung einbezogen, darunter ausgerechnet jener hauptverdächtige Bereich an der Halle der Volksgemeinschaft mit den bestätigten Fahrstuhlschächten und der von uns nachgewiesenen Krypta. Geradezu fassungslos reagiere ich, als ich noch von der Festlegung erfahre, daß die Bohrtiefe auf der Freifläche maximal fünf Meter beträgt – die Technische Universität München hatte 1990 mit unzweifelhaft modernerer Technik eine Betondecke in neun bis zehn Meter Tiefe sondiert!

In mir wächst der schon vordem aufgekeimte ungeheuerliche Verdacht, daß hier ein großangelegtes Täuschungsmanöver abläuft, das die Öffentlichkeit beruhigen, die Medien mundtot und uns unglaubwürdig machen soll. Diese Befürchtung verdichtet sich zur Gewißheit, als ich abends konzentriert darüber nachdenke. Alle vermeintlichen Widersprüche fügen sich nahtlos in dieses Bild: Stadelmann, den man erst eiskalt abserviert, dann aber in letzter Minute als Alibi herangezogen und ihm auf diese Weise auch noch die restlichen Geheimnisse entlock hat; gleichermaßen die plötzliche öffentliche Betonung unserer Urheberschaft an dieser Aktion, für deren programmierten Mißerfolg wir somit den »Schwarzen Peter« in der Tasche haben, während sich die Herren der interministeriellen Arbeitsgruppe lächelnd zurücklehnen und argumentieren können, sie hätten doch – wie Dr. Seifert erst heute mittag vor der Presse – stets prophezeit, »daß nichts gefunden wird«. Es ist eine nahezu perfekte Inszenierung, die wohl kaum auf Erfurter Mist gewachsen sein dürfte.

7. März 1992: Morgens führt mich mein erster Weg zum Gauforum. Ich bin ohne jede Illusion und dennoch enttäuscht, Platz und Gebäude wie ausgestorben vorzufinden; lediglich Reifenspuren auf dem Freigelände erinnern an das gestrige Intermezzo, das nach ohnehin schon fragwürdigem Sechsunddreißig-Stunden-Plan erst in der Frühe des morgigen Tages enden sollte. –

Für 11 Uhr ist im Rathaus eine weitere Pressekonferenz

angesetzt, der Ansturm noch größer als gestern. Sieht man die zufriedenen, fast strahlenden Mienen der Amtsträger, könnte man meinen, sie hätten im Bernsteinzimmer gefrühstückt – übrigens ein Eindruck, den mehrere Journalisten mit mir teilen. Doch ein Blick in Stadelmanns versteinertes Gesicht belehrt eines Besseren.

Locker berichtet Dr. Seifert, die Bohrungen auf der Freifläche seien ohne jedes positive Ergebnis geblieben. Wohin sind sie denn nur entschwunden, die vordem so genau lokalisierten »begrenzten Flächen fester Resistenz«?! Auch in den Untergeschossen der Gebäude hätte man lediglich dreißig verfüllte Keller und einen einzigen völlig leeren Raum endoskopiert. So habe man die ganze Aktion bereits nach elfstündiger Dauer mit der nun absoluten Gewißheit beenden können, daß hier nichts verborgen ist und alle Legenden damit endgültig ausgeräumt sind. Weimars Bürgermeister Martin – Oberbürgermeister Dr. Büttner ist seit gestern in Urlaub – setzt selbstzufrieden noch eins drauf: Man könne sich jetzt endlich wieder »der eigenen vierhundertjährigen Kulturgeschichte widmen« – welch ein Glück, daß keine Kunstschätze des Welterbes entdeckt wurden, die diesen Glanz verdunkeln könnten! –

Dr. Seifert sieht sich während der Pressekonferenz manch unliebsamer Frage ausgesetzt. Beispiel: »Wieso wußten Sie schon gestern, daß hier nichts gefunden wird?« – »Weil ich von Anfang an daran gezweifelt habe.« – »Warum aber dann dieser aufwendige Einsatz?« – »Weil die Thesen von Herrn Schneider und Herrn Stadelmann so überzeugend waren.« – No comment!

Ein weiterer Journalist will wissen, ob es ausländische Interessenten für das Projekt gab. Ich werde hellhörig, als Dr. Seifert erklärt, daß kürzlich ein amerikanisches Unternehmen nachgefragt hat, welches man auf die kurz vor dem Abschluß stehenden eigenen Untersuchungen verwiesen habe; nun sei die endgültige Absage mit den jüngsten ergebnislosen Nachforschungen zu begründen.

Da fällt es mir wie Schuppen von den Augen: Das also war der Anlaß für die überhastete Aktion! Wie anders auch als durch einen vorweggenommenen Mißerfolg wäre die Offerte von »Global Explorations« glaubwürdig abzuweisen gewesen? Damit ist die letzte Unklarheit beseitigt und das Gesamtkomplott nach meiner Meinung restlos enttarnt. Was für eine infame Täuschung der Öffentlichkeit! –

Zum Abschluß der Pressekonferenz feiern sich die Vertreter von Land und Stadt gegenseitig für erfolgreiche und gute Zusammenarbeit, und ich kann weder lächeln noch lachen, wenn ich nur an die mir bekannt gewordenen heftigen Auseinandersetzungen denke. Es ist eine Lehrstunde der neuen Demokratie, deren provinzielle Prominenz keine Gelegenheit ausläßt, sich vor den unverdient auf sie gerichteten Kameras zu spreizen, während ein noch gestern heftig umlagerter Stadelmann in der wohl bittersten Stunde seines Lebens unbeachtet wie ein geprügelter Hund davonschleicht. –

Von Leipzig aus rufe ich ihn abends an, vereinbare mit ihm für die nächsten Tage einen Termin. Wir sind noch nicht am Ende!

17. März 1992: Aus der Erkenntnis heraus, daß die Amerikaner jetzt unsere einzige und letzte Chance sind, bin ich zwischenzeitlich in Weimar gewesen, habe bei Stadelmann die Unterlagen von »Global Explorations« abgeholt und in der hiesigen Leipziger Kanzlei erfahren, daß der Chefanwalt George M. Rehm – er war vor Monatsfrist beim ersten Gespräch mit Stadelmann dabei – heute aus Washington einfliegt. Ich rufe ihn an, und wir vereinbaren ein sofortiges Treffen.

In dem langen wie intensiven Gespräch unterrichte ich Rehm, der ein perfektes Deutsch spricht, mit allen Details von meinem Verdacht hinsichtlich der jüngsten Pseudo-Suche und stelle ihm auch die Indizienkette dar, die schon seit Monaten auf ein bewußtes Blockieren jeder ernsthaften Erkundung hinweist. Er ist außerordentlich interessiert, macht sich Notizen, stellt gezielte Zwischenfragen. Einen Bescheid von der thüringischen Landesregierung hat er bisher nicht erhalten, erklärt aber mit Nachdruck, man würde eine Absage keinesfalls hinnehmen, sondern auf eigenen Nachforschungen bestehen; mein Bericht, für den er mir dankt, habe diesen Vorsatz noch wesentlich bestärkt. Auch könne sich »Global Explorations« einen Rückzug schon deshalb nicht leisten, weil inzwischen diesbezügliche Sendeverträge mit der American Broadcasting Company (ABC), der bedeutendsten amerikanischen Rundfunk- und Fernsehgesellschaft, vorbereitet worden seien. Rehm deutet dann noch weitreichende Möglichkeiten zur Durchsetzung seiner Absichten an und wird schon morgen zweitägige Verhandlungen in Erfurt aufnehmen. Als ich abschließend Stadelmanns und meine künftige Rolle anspreche, betont er sehr nachdrücklich, unser Mitwirken sei unverzichtbar und geradezu eine Voraussetzung für das Projekt; man rechne fest mit uns und würde sofort nach Bestätigung der »Schürfrechte« die Modalitäten der Zusammenarbeit vereinbaren.

21. März 1992: Heute ist mein uninteressanter vierundfünfzigster Geburtstag. Wir feiern in ganz kleinem Kreise, wobei sich Sympathie mit Zweckmäßigkeit paart, da unter den Gästen mein Arzt, mein Verleger und – last, not least! – meine Steuerberaterin sind. Der Kiepenheuer-Chef bringt den besten französischen Kognak, zugleich aber die Hiobsbotschaft mit, daß der traditionsreiche Verlag trotz heftigster Gegenwehr nunmehr wohl bald am Ende sei – Ergebnis eines für meine Begriffe symptomatischen Komplotts, alles zu beseitigen, was erfolgreich an die einstige DDR erinnern könnte. Ich verteidige nicht diesen untergegangenen Staat, wehre mich aber gegen die pauschale Verurteilung und Vergewaltigung seiner Bürger.

25. März 1992: Ausführliches Telefonat mit Rehm. Er zeigt sich zufrieden mit den bisherigen Verhandlungsergebnissen auf thüringischer Landesebene und nennt als einflußreichen Fürsprecher den geschäftsführenden Vorsitzenden der CDU-Parlamentsfraktion. Auch habe das Engagement von ABC als größter US-Fernsehstation beeindruckt, zumal selbige bereit ist, mit dem klitzekleinen Bruder Mitteldeutscher Rundfunk (MDR) in dieser Sache zu kooperieren und ihm solchermaßen zu dringend notwendiger internationaler Reputation zu verhelfen. Die Aussichten müssen wirklich sehr vielversprechend sein, da Rehm – der übermorgen nach Washington zurückfliegt – schon für die nächsten Tage im Auftrag seines Mandanten »Global Explorations« mit ABC genaue Absprachen über den Anlauf konkreter Aktionen in Weimar vereinbart hat, wobei die langfristig angesetzte Suche auch das Gelände der ehemaligen Villa von Gauleiter Sauckel sowie das Jonastal als »Nebenschauplätze« einbeziehen soll. Es ist eine großangelegte, professionell geplante Unternehmung, deren Dimension sich wohl kaum ein begründbarer, nicht noch mißtrauischer machender Widerstand entgegenstellen kann.

Rehm jedenfalls, der zwar nicht ausgesprochen cool, zumindest aber sehr realistisch denkend wirkt, scheint keine Zweifel am Gelingen seiner Vermittlermission zu haben und dankt mir ausdrücklich für die ihm übergebenen Materialien und aktuellen Informationen, die wesentlich dazu beigetragen hätten, diese Position zu fundieren. Ab 20. April ist er wieder in Leipzig, doch ruht die Angelegenheit nicht etwa bis dahin, sondern wird über die hiesige Kanzlei weiter betrieben. Auch mich bittet er, ihn per Fax über neueste Entwicklungen auf dem laufenden zu halten – eine abermalige Vorleistung für die dann hoffentlich baldige vertragliche Einbindung in das Projekt. –

All dies klingt sehr überzeugend und ist es sicher auch: Die Suche wird fortgesetzt – besser, sie beginnt! Damit ist zugleich die Weiterführung dieses Tagebuches gewährleistet. Solch freudiger Gewißheit stehen aber wieder Wochen quälenden Abwartens gegenüber. Ich muß diese Zeit unbedingt nutzen, um meine lähmende Lethargie zu überwinden, die in der schon fast manischen Fixierung auf ebenjene Thematik wurzelt. Zumindest ein zweites, wenn nicht gar drittes Standbein benötige ich, um einem sozialen Abrutsch zu entgehen, der unser freischaffendes Metier in besonderem Maße bedroht.

27. März 1992: Anruf von Stadelmann. Er ist wieder der alte, berichtet über neue Aktivitäten und verkündet für die kommende Woche eine heftige öffentliche Attacke gegen die interministerielle Arbeitsgruppe wegen Vergeudung von Steuergeldern für eine dilettantische Aktion, deren blamable Ergebnislosigkeit man letztendlich uns in die Schuhe schieben will. Ich indessen habe soeben »Bild« ausführlich über die Offerte von »Global Explorations« und ABC informiert und daß selbige trotz oder gerade wegen des inszenierten Mißerfolgs am Antrag auf eigene Untersuchungen nachdrücklichst festhalten. Da wird wohl wieder Freude bei der Landesregierung aufkommen, wenn dieses bisher ängstlich gehütete Geheimnis so unverhofft das Licht der Öffentlichkeit erblickt! Ich kann zwar unsere penetrante Aufmüpfigkeit allmählich selbst kaum noch ertragen, doch wir müssen in der Publizität bleiben, um abermaligen Täuschungen und Ausflüchten vorzubeugen.

8. April 1992: Mein Gott, was für ein Tag!!! –

Ich bin nach Weimar gefahren, um nachmittags einen vereinbarten Termin mit dem Böhlau Verlag Köln und Wien wahrzunehmen, der nun auch hier am Geburtsort seiner bis in das Jahr 1624 zurückreichenden Geschichte ein Lektorat eröffnet hat. Es ist meine erste Kontaktaufnahme mit einem westdeutschen Editor, und ich befürchte, daß ich auf die nach Erfahrung ostdeutscher Kollegen zu erwartende Arroganz gegen jede taktische Vernunft mit der Stolz- und Sturheit eines alten hinterpommerschen Ochsen reagieren werde. Doch es kommt völlig anders: Der Verlagschef und der künftige Leiter der Weimarer Niederlassung empfangen mich in einer Art, die jeden Gedanken an einen Kanossagang vergessen läßt. Ich unterbreite ein halbes Dutzend Buchprojekte, darunter bereits fertige Manuskripte aus dem ursprünglichen Kiepenheuer-Programm, belege die Seriosität mit einem wirklich ansehnlichen »Musterkoffer« jüngster Publikationen und hoffe auf Interesse an wenigstens *einem* dieser Vorschläge. Meine Gesprächspartner zeigen sich beeindruckt, sparen nicht mit Anerkennung für vorgelegte Leistungen und Ideen, und der Chef erklärt schließlich mit nachdrücklichem Dank für meine Offerte, daß sein Verlag *alle* genannten Titel, auch eine mehrbändige Reihe, übernehmen würde! Dies ist in doppelter Hinsicht eine überaus wichtige Zusage: Zum einen sichert sie mir die materielle Existenz in meinem angestammten Beruf, zum anderen und wohl noch wichtigeren gibt sie mir ein ins Wanken geratenes Selbstwertgefühl zurück, mit meiner Arbeit auch vor einem anspruchsvollen altbundesdeutschen Partner bestehen zu können. –

Anschließend rufe ich Stadelmann an. Auch an dieser Front bemerkenswerte Erfolge: Er hat die schriftliche Aussage einer Frau Anita Pfeiffer (Jahrgang 1937) aus Weimar aufgenommen, die in einem kirchlichen Pflegeheim längere Zeit Fräulein Margarete Wiesach (geboren 1887, gestorben 1986) betreute; diese war mehr als drei Jahrzehnte Sekretärin von Dr. Scheidig und genoß dessen absolutes Vertrauen. Aus dem Gesprächsprotokoll: »Fräulein Wiesach erzählte Frau Pfeiffer einmal, sie habe ganz allein eine gegen Kriegsende 1945 eingetroffene Kunstsammlung zu registrieren gehabt – die von Gauleiter Koch, bestehend aus zirka dreißig großen Kisten und sonstigen Behältnissen. In bezug auf das einstige Gauforum und seine späteren Nutzer sagte sie: ›Wenn die wüßten, was da noch unten liegt!‹, und sie bezeichnete eine Tiefe, in die ein dreistöckiges Haus hineinpasse. Nähere Angaben dürfe sie nicht machen, sie habe es auf die Bibel schwören müssen. – Fräulein Wiesach war christlich erzogen und sehr fromm. Herr Pfarrer Kranz sowie Herr Pfarrer Senf aus Weimar, die sie zeitweise betreuten, bestätigen ihre außerordentliche Gewissenhaftigkeit, Ehrlichkeit und Glaubwürdigkeit. Sie war sehr kontaktarm. Auf ihrem Schrank stand immer eine kleine russische Ikone. Sie führte auch ein Tagebuch, das aber nach ihrem Tode mit verbrannt wurde; es war in altdeutscher Stenoschrift geschrieben und somit nicht lesbar.« –

Etwas später nochmaliges Telefonat mit Stadelmann. Bei ihm hat sich gerade Tete Böttger gemeldet, jener einflußreiche und für unsere Sache engagierte Verleger aus Göttingen, der bereits vor Monaten technische Hilfe mit Spezialradar-Hubschraubern und -Fahrzeugen angeboten hat. Selbiger ist in Weimar und läßt Stadelmann in nun schon abendlicher Stunde zum Tatort Gauforum abholen. Es hat wieder einmal etwas Krimihaftes, und ich erwarte gespannt die vereinbarte Rückmeldung. Sie kommt mit bebender Stimme: »Er ist da, ist wirklich vorhanden!« – »Wer denn?« – »Der Führerbunker unter der Freifläche.« – »Gibt es Beweise?« – »Ich habe ihn eben gesehen!«

Dies ist nun der Moment, da ich ernsthaft an Stadelmanns Verstand zu zweifeln beginne. Er muß verrückt geworden sein! Doch seine nachfolgende Erklärung belehrt eines Besseren: Der genannte Böttger hat aus Empörung über die der Presse entnommene dilettantische Suchaktion der Landesregierung kurzerhand zwei Spezialfirmen engagiert, die heute nachmittag – sich einen Teufel um offizielle Genehmigungen scherend – binnen weniger Stunden das Freigelände sondiert haben. Dabei wurden unauffällige tragbare Geräte modernster Entwicklung verwendet, wie sie auch bei den UNO-Inspektionen im Irak zum Aufspüren unterirdischer Waffendepots dienten. Was Stadelmann gesehen hat, waren erst noch detailliert auszuwertende Computerbilder, doch sind sich die Fachleute schon jetzt ohne jeden Zweifel einig, eine mächtige Bunkeranlage geortet zu haben, zumal sogar deren Versorgungsleitungen lokalisiert werden konnten. Der rechteckige Bau befindet sich im Freiflächenbereich vor Gauleitung und Halle der Volksgemeinschaft, also genau dort, wo viele Monate lang KZ-Häftlinge aus Buchenwald eingesetzt waren – und übrigens in einer Tiefe, die der Höhe eines dreistöckigen Hauses entspricht!

Erst allmählich wird mir das ganze Ausmaß dieser sensationellen Entdeckung bewußt, die endgültig jeden Versuch weiterer Blockierung, von woher sie auch kommen möge, ad absurdum führt. Ich gebe zu, im Moment dieser Erkenntnis mehr einem heulenden Kind als dem mir nachgesagten Hardliner zu ähneln; die Anspannungen und Verunsicherungen, das zermürbende Auf und Ab der vergangenen Wochen und Monate mit allen sonstigen Begleiterscheinungen unserer irren Zeit haben Kraftreserven aufgebraucht, die mir vordem unerschöpflich schienen.

9. April 1992: Ein persönliches Gespräch mit Stadelmann bestätigt die gestrige Erfolgsmeldung. Böttger will natürlich nun bei der thüringischen Landesregierung die offizielle Genehmigung für weitere Untersuchungen und Grabungen erwirken, der ihm verbündete Fernsehdokumentarist Remy – Autor des eingangs mehrfach erwähnten Films »Das Ende einer Legende« – selbige Aktionen drehen. Kooperation mit uns ist unausgesprochen angesagt, doch fühle ich mich den Amerikanern verpflichtet.

10. April 1992: Bevor ich über das Wochenende zu meiner Familie zurückfahre, rufe ich aus Weimar die Leipziger Kanzlei von George M. Rehm an und bitte um sofortige Übermittlung folgenden Textes per Fax an sein amerikanisches Büro: »Westdeutsches Konkurrenzunternehmen hat ohne vorheriges Wissen der Landesregierung unterirdische Bunkeranlage exakt geortet und bewirbt sich nun um Grabungsgenehmigung.«

Als ich wenige Stunden später in Leipzig eintreffe, hat Rehm bereits aus Washington angerufen. Er wird sich baldigst wieder melden.

11. April 1992: Heute ist mein ganz persönlicher und durch keine noch so erdrutschartige gesellschaftliche Veränderung beeinflußbarer »Nationalfeiertag«: die Selbstbefreiung des faschistischen Konzentrationslagers Buchenwald vor siebenundvierzig Jahren. Der Rückblick auf jene Zeit verkleinert die aktuellen Probleme und privaten Ängste, und die damalige Behauptung des Menschlichen gegenüber dem Unmenschlichen wird zur historischen Hoffnung.

13. April 1992: Bin wieder in Weimar, da sich für heute nachmittag ein Vertreter der »New York Times« zum Interview angemeldet hat. Als wir auf »Global Explorations« zu sprechen kommen, bestätigt er nachdrücklich die Reputation dieses weltweit wirkenden Unternehmens. –

Gegen Abend erreicht mich aus Washington das Telefonat Rehms, der nicht zum Wochenende stören wollte. Ich unterrichte ihn von Einzelheiten der gelaufenen Aktion. Er wiederum informiert über erfolgreiche Absprachen mit amerikanischen Fernseh- und Verlagsanstalten. Heute in einer Woche trifft er in Leipzig ein; ich habe ihn für diesen Tag – am folgenden führt er in Erfurt die entscheidenden Verhandlungen mit der thüringischen Landesregierung – zu mir gebeten, um ihm aktuelle Informationen für seine bevorstehenden Gespräche zu geben.

16. April 1992: Stadelmann ruft mich in Leipzig an. Es ist ihm gelungen, sich mit List den umfangreichen Abschlußbericht zu beschaffen, den die interministerielle Arbeitsgruppe über ihre »Erkundungen« zusammengezimmert und dem Kabinett vorgelegt hat. Dreiundneunzigtausend Mark sind für diese Farce verpulvert worden, nicht eingerechnet die hochdotierten Gehälter der monatelang damit beschäftigten Staatsdiener. Stadelmann wird nun diesen Rapport genau prüfen und auf die vermuteten Schwachstellen abklopfen. Zugleich berichtet er, daß Tete Böttger mit seinen Truppen abermals in Weimar war und auch das bevorstehende Osterfest für Detailuntersuchungen nutzen will, die nach wie vor ohne Wissen der Landesregierung erfolgen. Diese Taktik ist gar nicht so dumm, muß Böttger doch bei einem offiziellen Genehmigungsantrag damit rechnen, unter Bezug auf bereits laufende Verhandlungen mit »Global Explorations« abgewiesen zu werden. So bleibt ihm nur die Flucht nach vorne, das heißt vollendete

Tatsachen in Gestalt eines unwiderlegbar dokumentierten Nachweises zu schaffen, der ihm urheberrechtliche Garantien und damit das erklärte Ziel sichert, den Amerikanern zuvorzukommen.

17. April 1992: Obwohl der heutige Karfreitag auch in den USA als Feiertag gilt, ruft Rehm abermals aus Washington an. Er will für den Präsidenten von »Global Explorations«, Norman Scott, Einzelheiten der beim letzten Telefonat angedeuteten Zeugenaussage erfragen, welche die Pflegerin der langjährigen Scheidig-Sekretärin hinsichtlich des Verbleibs der 1945 in Weimar eingelagerten Kochschen Kunstsammlung abgegeben hat. Die Herren scheinen angesichts der signalisierten Konkurrenz in geradezu hektische Betriebsamkeit geraten zu sein – kein schlechtes Vorzeichen für unsere nun anstehenden Vertragsverhandlungen!

20. April 1992: Nachmittags kommt Rehm zu mir, der gerade aus Washington eingetroffen ist. Wir sind noch beim österlichen Kaffee und Kuchen, als Stadelmann anruft. Er hat in den vergangenen Tagen stundenlange Ferngespräche mit Böttger geführt, welcher in Detailauswertung der bisher vorgenommenen Untersuchungen nicht nur die unterirdische Bunkeranlage, sondern auch weitere, geradezu atemberaubende Nachweise bestätigt, darunter den einer etwa fünfunddreißig Meter langen, schräg in die Tiefe führenden Zufahrt zur von uns vermuteten Krypta. Morgen will sein Team in Weimar die nach wie vor ungenehmigten Sondierungen abschließen und schon am folgenden Tag mit einer über dpa verbreiteten Presseerklärung die sensationellen Ergebnisse öffentlich machen. Ich kann vor diesem Mann, der sich auf so rigorose wie taktisch geschickte Weise im ansonsten aussichtslosen Wettbewerb mit den

Amerikanern eine Aktie zu sichern versucht, nur den Hut ziehen! –

Rehm nimmt in unserem anschließenden Gespräch die vorgenannten Aktivitäten der »Konkurrenz« gelassen, ja geradezu als willkommen zur Kenntnis, bekräftigen sie doch die Richtigkeit des Engagements von »Global Explorations«. Jeder theoretische Nachweis erleichtere die praktische Bergung – und die sei nun mal unumstößlich Monopol seines Mandanten. Er begründet auch diese Gewißheit: Man hat dem wirtschaftlich arg gebeutelten neuen Bundesland Thüringen als Gegenleistung für die offiziellen »Schürfrechte« angeboten, eine gewaltige Medienmacht zur Beförderung amerikanischer Investorentätigkeit zu aktivieren. Wer wollte da nicht in die Knie gehen?!

Im weiteren Verlauf unserer Unterredung kann ich Rehm eine ganze Reihe neuester Informationen und dokumentarischen Materials übergeben, die nicht nur für seine morgigen Verhandlungen mit der Landesregierung hilfreich sein dürften. Er revanchiert sich mit der Bestätigung, daß bedeutende Fernsehgesellschaften wie ABC und Verlagsanstalten wie Time Life endgültig für das Projekt gewonnen werden konnten. Die Resonanz reiche schon jetzt weit über die Vereinigten Staaten hinaus. Man plane langfristige aktuelle Berichterstattung ebenso wie Dokumentar- und eventuell sogar Spielfilmfolgen; mein Tagebuch, dessen Veröffentlichungsrechte sich noch beim Gustav Kiepenheuer Verlag befinden, solle unbedingt in dieses »Medienpaket« eingebunden werden. Für mich habe man einen Honorarvertrag vorbereitet, der meiner idealen Personalunion von Historiker und Kunstwissenschaftler, Journalist und Schriftsteller entspräche und binnen der nächsten Tage vorgelegt würde. Damit bin ich schon de facto in das weltgrößte Kunstfahndungsunternehmen integriert, sehe das sprichwörtliche Licht am Ende des Tunnels heller werden und könnte mich fast selbst um meine künftigen Aufgaben beneiden!

26. April 1992: Rehm und ich sind heute nach Weimar gefahren, um mit Stadelmann zu sprechen und möglichst eine kooperative Verständigung mit Böttger zu erreichen. Letzterer hat ohne jeglichen Respekt vor Drohungen der Landesregierung mit Hausfriedensbruch-Klagen seine Untersuchungen fortgesetzt, auch in den illegal betretenen Gebäuden des ehemaligen Gauforums Wärmetests mit Spezialkameras veranlaßt und sich abschließend noch Zugang zum totgelegten alten Asbachkanal verschafft, der als über vier Meter hohe Rohrleitung in etwa zehn Meter Tiefe die gesamte Freifläche unterquert und mehrere vermauerte Ausgänge in das unterirdische Gelände aufweist. Böttgers Aktivitäten sind faszinierend, und ich werde sie im Taktieren mit Rehm nutzen, um Stadelmanns und meine vertragliche Einbindung in das Alternativprogramm der Amerikaner zu beschleunigen. –

Solches aber scheint gar nicht notwendig zu sein, da Rehm selbst diese Absicht nachdrücklich bekräftigt. Auch seien neue Varianten zur »Vermarktung« meines Tagebuches und eventueller anderer Texte dadurch entstanden, daß sich zwischenzeitlich die Illustrierte »Stern« und das Verlagsimperium Bertelsmann jenem Konsortium angeschlossen haben, das mit Millionenbeträgen die Suche hier vor Ort finanzieren will. Zudem würden gegenwärtig aussichtsreiche Verhandlungen mit Hollywood über einen Spielfilm geführt, in dessen Autorenarbeit ich mich möglicherweise ebenfalls einbringen könnte. Meine für die Fernsehgesellschaft ABC zu übernehmenden Aufgaben seien direkt mit dem Produktionsleiter abzustimmen, welcher in etwa vierzehn Tagen nach Weimar kommen wird.

Das alles verheißt langfristige materielle Sicherheit, der nur noch zwei Unwägbarkeiten entgegenstehen: die unkontrollierbare Konkurrenz Böttgers, der – wie jetzt zu erfahren war – mit dem thüringischen Ministerpräsidenten Bernhard Vogel befreundet sein soll, und die bisher mehr ablehnende Haltung der Landesregierung, den Amerikanern die Grabungsgenehmigung zu erteilen.

Ersteres Problem schafft Stadelmann aus der Welt, der Böttgers Angebot zur Zusammenarbeit übermittelt, da dieser mit ausgeprägtem Realitätssinn erkannt hat, zwar die technischen Voruntersuchungen bestreiten, nicht aber die riesigen Bergungskosten aufbringen zu können; zudem hat er sich über »Global Explorations« kundig gemacht und sieht in diesem Unternehmen den idealen Partner. Rehm stimmt der Kooperationsofferte sofort zu und wird sich noch heute mit Böttger telefonisch in Verbindung setzen. Dessen Bereitschaft, auch ein Gespräch mit dem Ministerpräsidenten zu vermitteln, weist er hingegen höflich zurück.

Während unserer Rückfahrt verhehle ich nicht mein Unverständnis, eine solche Chance zur Bewältigung der letzten Hürde auszuschlagen. Rehm antwortet gelassen, man habe über Bonn ganz andere Möglichkeiten, sei doch seine Firma vom Kanzleramt beauftragt, in den USA Unternehmerseminare zum künftigen Industriestandort Thüringen zu organisieren. Endgültig schwindet jeder Zweifel, als er beiläufig erwähnt, die Leipziger Kanzlei sei zu Jahresbeginn mit einer Ansprache des Ex-Bundesinnenministers und jetzigen CDU/CSU-Fraktionschefs Wolfgang Schäuble eröffnet worden – dessen älterer Bruder ist einer der zehn Anwälte dieses Büros!

30. April 1992: Heute sind Rehm und ich abermals nach Weimar gefahren. Er hat mich gestern über sein Telefonat mit Böttger informiert, der die vordem so euphorisch verkündeten Sondierungserfolge auffällig abwertete – wie wir beide übereinstimmend vermuten, um Zeit für möglicherweise doch selbstfinanzierbare Grabungsaktionen zu gewinnen. Da also von dieser Seite momentan keinerlei Preisgabe neuester Untersuchungsergebnisse zu erwarten ist, wollen wir zumindest den Abschlußbericht über die Erkundungen der Landesregierung mitnehmen, den Stadelmann wie einen Gralsschatz hütet und verständlicherweise – man lebt ja schließlich unter marktwirtschaftlichen Bedingungen! – erst nach ausdrücklicher Bestätigung eines ihm ohnehin schon zugesicherten Beratervertrages herausrückt. Solchermaßen beflügelt, will er Rehm noch einige außerhalb des Gauforums gelegene, bislang unerforschte Bunkeranlagen offenbaren. Ich hingegen verabschiede mich, um wegen eines anderen Termins möglichst bald wieder in Leipzig zu sein.

Daß ich die Rückfahrt alleine antreten muß, bedauere ich. Rehm ist mir im Verlauf unserer wenigen Begegnungen von Mal zu Mal sympathischer geworden. Er paßt so gar nicht in das uns anerzogene Klischee vom lärmend rücksichtslosen Ellbogen-Amerikaner, doch verbergen sich hinter seiner freundlichen Bescheidenheit ein überaus wacher Intellekt und zupackende Entschlußkraft. Auch habe ich so manche Gemeinsamkeit in persönlichen Denkweisen und Standpunkten feststellen können, die ihn mir ohne jede schulterklopfende Verbrüderung vertraut macht. –

Vor seinem morgigen Rückflug nach Washington ruft Rehm abends noch einmal an. Die ihm von Stadelmann bezeichneten Bunker müßten unbedingt in das komplexe Suchprogramm einbezogen werden; daß dabei höchste Eile geboten sei, habe sich auf dem Villengelände des ehemaligen thüringischen Gauleiters Sauckel erwiesen: Die dortige unterirdische Anlage ist in den letzten Tagen von unbekannten Akteuren teilweise freigegraben worden! Rehm hat daraufhin das Kunststück vollbracht, noch am heutigen Tage ohne Voranmeldung vom Weimarer Oberbürgermeister für seinen Mandanten »Global Explorations« schriftlich die alleinige Sondierungsgenehmigung für all diese unter Verwaltung des Magistrats stehenden Suchorte zu erwirken. Wie er weiter mitteilt, habe er bereits gestern eine Information des MDR erhalten, derzufolge auch das Thüringer Innenministerium den amerikanischen Nachforschungen im einstigen Gauforum zustimme.

Abschließend bedankt sich Rehm für die bisherige gute Zusammenarbeit, die ihren Niederschlag in einem entsprechenden Honorarvertrag finden wird, den er bei seinem nächsten Leipzig-Aufenthalt ab 18. Mai mitbringt; zugleich würden gesonderte Angebote bezüglich meines Tagebuches unterbreitet. Bis dahin habe ich vollauf mit der Erfüllung anderer Verpflichtungen zu tun, um mich dann ganz der künftigen Traumaufgabe widmen zu können. Ab heute jedenfalls bin ich mir erstmals absolut sicher, das bedrückende Tief der vergangenen Wochen endgültig überwunden zu haben.

19. Mai 1992: Mit einiger Verzögerung ist Rehm wieder in Leipzig eingetroffen und noch am späten Abend zu mir gekommen. Ich hatte ihm in der Zwischenzeit die von Stadelmann beschafften Restergebnisse der von der thüringischen Landesregierung angestellten Untersuchung nach Washington faxen lassen, dann aber bis auf ein kurzes Telefonat nichts mehr von ihm gehört. So war von Tag zu Tag meine Besorgnis gewachsen, die Bewertung dieses detaillierten Materials durch amerikanische Experten könnte vielleicht doch die Aussichtslosigkeit weiterer Sondierungen ergeben und solchermaßen in letzter Minute all unsere Pläne und Hoffnungen zunichte machen.

Fast hörbar fällt mir deshalb ein Stein vom Herzen, als Rehm erklärt, die Analyse habe im Gegenteil bewirkt, seinen Mandanten noch zu bestärken, sei doch neben technischen Unzulänglichkeiten vor allem aufgefallen, daß von uns als hauptverdächtig bezeichnete Bereiche – nämlich jene, auf die sich nachfolgend Böttger konzentrierte – bei der offiziellen Suchaktion ausgespart wurden. Schon in den nächsten Tagen wird der Präsident von »Global Explorations«, Norman Scott, in Begleitung eines leitenden Vertreters von ABC aus Florida einfliegen, um hier vor Ort die letzten Absprachen für die im Juni beginnende, nahezu beispiellos großangelegte und langfristige Fahndung zu führen. Rehm hat bis dahin alle Hände voll zu tun, die entsprechenden Vorbereitungen zu treffen, namentlich die endgültige Genehmigung der Landesregierung zu erwirken.

Im Verlauf unserer bis weit nach Mitternacht währenden Unterredung spreche ich noch einmal die für das Gesamtvorhaben und seine publizistische Vermarktung unabdingbare Fortsetzung und Intensivierung der Archivarbeit an, die bisher ganz im Schatten technisch-organisatorischer Überlegungen gestanden hat. Meine erstmalige Andeutung, möglicherweise einen langgesuchten Zugang zum bis heute ohne jede Ausnahme hermetisch abgeschotteten polnischen Geheimarchiv gefunden zu haben, das alle Vernehmungsprotokolle von Gauleiter Koch aus dessen über dreißigjähriger Haft enthält, wertet Rehm erwartungsgemäß als eine Sensation, die er zwecks entsprechender Weiterungen unverzüglich seinem Mandanten mitteilen will.

22. Mai 1992: Die vergangenen Tage sind wieder einmal völlig anders als erwartet verlaufen – eine um so herbere

Enttäuschung, da doch diesmal alles klar und endgültig zu sein schien. Erst heute hat sich Rehm gemeldet, und was er in dem ihm eigenen Informationsgeiz mitteilt, ist höchst unerfreulich: In Erfurt habe er nicht mit dem thüringischen Innenminister sprechen können, sondern mit einer sich allerdings recht aufgeschlossen zeigenden Staatssekretärin vorliebnehmen müssen; zudem hätten Termingründe Scott und den ABC-Manager veranlaßt, ihren angekündigten Besuch um drei Wochen zu verschieben.

Ich weiß nicht, wie dieser plötzliche Wechsel von anfangs fast hektischer Betriebsamkeit zu nunmehr geradezu demonstrativer Gemächlichkeit zu werten ist. Könnte es Ausdruck eines beginnenden Desinteresses sein? Ein solches stünde allerdings in krassem Widerspruch zu den Versicherungen Rehms, doch sind mir schon zuvor leise Zweifel an der Verläßlichkeit seiner Aussagen gekommen. Eine Erklärung könnte natürlich auch die momentan alles andere als vertragsfähige Situation von Innenminister Willibald Böck sein, der, zu DDR-Zeiten Bürgermeister, wegen dieser »Altlast« bereits seit langem unter öffentlichem Beschuß steht, sich bisher aber mit vehementen Rundumschlägen als »Willi der Hammer« zu behaupten verstand. Nun jedoch scheint man ihm aufgrund einer dubiosen Bestechungsaffäre endgültig die Beine weggezogen zu haben – und das ausgerechnet jetzt! –

Stadelmann, mit dem ich abends telefoniere, ist noch deprimierter als ich. Er muß sich ja zudem vor Ort mit den andauernden illegalen Aktivitäten von Böttger herumschlagen, dem sich nun überdies Remy zugesellt hat. Auch Stadelmanns Geduld ist offenbar endgültig erschöpft, und er sieht sich ob seiner schon wochenlangen Ankündigung konkreter amerikanischer Initiativen unglaubwürdig und lächerlich gemacht. Er überspielt dies in gewohnt poltriger Art, doch ich spüre, wie er darunter leidet.

29. Mai 1992: Abermals ist eine Woche völlig ergebnislos verstrichen. Heute fliegt Rehm in die USA zurück, ohne mich nur noch einmal angerufen, geschweige denn ein vereinbartes Treffen eingehalten zu haben; auch von der langversprochenen schriftlichen Bestätigung künftiger Zusammenarbeit fehlt jede Spur. Ist er unser so sicher oder bedeutet dies den zwar unerklärlichen, aber definitiven Rückzug der Amerikaner? Das wäre dann der endgültige Schlußakt all unserer Bemühungen und zugleich das Finale dieses dergestalt nicht zu veröffentlichenden Manuskriptes, dessen sich bestenfalls eine nachkommende, von gegenwärtigen Zwängen befreite Historiker-Generation annehmen könnte. –

Ironie oder Wink des Schicksals: Heute auf den Tag ist es genau ein Jahr her, daß ich erstmals von der Mutmaßung erfuhr, in Weimar könnte das Bernsteinzimmer verborgen sein. Es war ein Jahr der Hoffnungen und noch mehr der Enttäuschungen, und dennoch bin ich mir nicht sicher, ob ich es missen möchte. Es brachte materiellen Verlust und ideellen Profit, hat mit mir gepokert und mich Spielregeln einer neuen Gesellschaft gelehrt, in der nur Gewinn und Gewinner zählen. Lohnt nicht allein schon diese abschreckende Erkenntnis und mit ihr eine künftige Standortbestimmung, die in anderen Werten wurzelt, ein solches Lehrjahr?

Ich weiß, das alles klingt bereits ein wenig wie Abschied. Aber vielleicht habe ich schon zu lange geträumt.

1. Juni 1992: Geradeмal zwei Tage hat meine selbstverordnete Abstinenz in Sachen Bernsteinzimmer angehalten, und schon bin ich wieder von der Thematik eingeholt! –

Als ich heute früh nach Weimar fuhr, war erstmals seit vielen Monaten nicht diese Suche, sondern die konkrete Alternative notwendigen Broterwerbs der Grund – nämlich dem Böhlau Verlag die bereits vor Wochen versprochenen Konzeptionen mehrerer Buchprojekte vorzulegen. So ist denn mein Anruf bei Stadelmann nur Macht der Gewohnheit, und ich erwarte Enttäuschung und Resignation. Doch er ist gut gelaunt, berichtet von einer ihm zugegangenen vertraglichen Vereinbarung der Amerikaner, auch über einen Blitzbesuch Rehms in der vergangenen Woche. Dieser hat, von Verhandlungen aus Erfurt kommend, Zwischenstation in Weimar gemacht, um auf Vermittlung Stadelmanns in telefonischen Kontakt mit Lassas zu treten, der gewissermaßen als »technischer Arm« von Böttger gilt, und Rehm ist es doch tatsächlich gelungen, ihn für die Zusammenarbeit mit seinem Mandanten »Global Explorations« zu gewinnen und solchermaßen das Konkurrenzunternehmen zu unterwandern. Dieser so unauffällig wirkende amerikanische Anwalt hat es wirklich faustdick hinter den Ohren!

Stadelmann ist erstaunt, daß ich über die neueste Entwicklung nicht informiert bin, hat doch Rehm von einem bevorstehenden Treffen mit mir gesprochen, allerdings auch große Terminschwierigkeiten angedeutet. Um weitere Einzelheiten zu erfahren, mache ich mich sofort zu Stadelmanns Wohnung auf den Weg, der am einstigen Gauforum vorbeiführt. Ich traue meinen Augen nicht: Auf der Freifläche – dort, wo wir im Winkel zwischen Gauleitung und Halle der Volksgemeinschaft den geheimen Bunker vermuten – wird gerade ein mächtiges Bohrgestänge montiert!

Stadelmann trifft diese Nachricht wie ein Schlag. Rasch haben wir die vermutete Gewißheit, daß Böttger dahintersteckt. Ich kann jenem Mann auch jetzt nicht meine Hochachtung versagen: Er muß von Lassas' Frontenwechsel erfahren haben und riskiert nun als letzte Chance diese Gewaltaktion, die aber ohne jede Sicherheitsvorkehrung erfolgt. Deshalb habe ich keinerlei Skrupel, daß wir sofort telefonisch Landesregierung und Magistrat, Presse und Kriminalpolizei benachrichtigen. Als ich mich anschließend vor Ort begebe, verläßt gerade ein Funkwagen aktionslos das Gelände; Böttger muß also irgendeine offizielle Genehmigung vorzuweisen haben.

2. Juni 1992: Vormittags fahre ich nach Leipzig zurück und höre schon lange vor Passieren des ehemaligen Gauforums die metallischen Schläge der noch ungehindert fortgesetzten Böttgerschen Operation, über die auch die heutige regionale Presse ausführlich berichtet. So heißt es auf der Titelseite der »Thüringischen Landeszeitung« unter der Schlagzeile MAGISTRAT UND MINISTERIUM ÜBERRASCHT: PRIVATBOHRUNG NACH BERNSTEINZIMMER: »Nur wenige Monate nach den ergebnislosen Untersuchungen am früheren Weimarer Gauforum wird dort wieder gebohrt. Spezialfirmen begannen mit Bohrungen unweit der Stelle, an der das legendäre Bernsteinzimmer vermutet worden war. Hinter den Arbeiten steht unter anderen der Göttinger Verleger Tete Böttger, der bereits 1989 an Untersuchungen im Bereich des ehemaligen Karl-Marx-Platzes beteiligt war. Die Untersuchungen würden aus Privatmitteln finanziert, erklärte Böttger gestern vor Ort. Im Innenministerium wurde die Nachricht mit Überraschung aufgenommen. Ein hoher Beamter bezeichnete die Aktion als ›starkes Stück‹. Ob die erforderlichen berg- und wasserrechtlichen Genehmigungen des Weimarer Magistrats vorliegen, blieb unklar. Pressesprecher Joachim Vogel: ›Mir ist davon nichts bekannt.‹« Und in der »Thüringer Allgemeinen« steht unter einem der beiden aktuellen Fotos dieser Text: »Erneut wird am einstigen Gauforum in Weimar gebohrt. Nachdem im Auftrag des Landes für über 93 000 Mark ergebnislos nach dem

Bernsteinzimmer gesucht worden war, hatten Forschungen von Privatleuten mit sensiblen Meßverfahren Zweifel am negativen Resultat aufkommen lassen.«

Sofort nach meiner Ankunft in Leipzig übermittle ich Rehm per Fax eine entsprechende Information und bitte dringend um Rückruf, der auch kurz darauf aus Washington erfolgt. Unverzüglich wird er sich mit dem thüringischen Innenministerium in Verbindung setzen, um die unkontrollierten Aktivitäten Böttgers zu beenden.

3. Juni 1992: Der Spuk ist vorüber! Wie Stadelmann mir mitteilt, hat Böttger schon nach vier Bohrungen sein Bündel schnüren müssen. Was da hinter den Kulissen vor sich gegangen sein dürfte, würde sicher ein eigenes Buch füllen. Jetzt warten wir auf die Amerikaner, die sich für den 15. Juni angekündigt haben, wobei meine Haltung bis zu einer konkreten Vereinbarung sehr distanziert bleibt.

16. Juni 1992: Das von mir nicht mehr für möglich gehaltene Wunder ist tatsächlich wahr geworden: Die Amerikaner sind eingetroffen, und der erste Punkt ihres mir überreichten detaillierten Besuchsprogramms ist ein »Dinner with Wolfgang Schneider, Hotel Merkur, Leipzig«. Dort lerne ich die überaus hochkarätige Delegation kennen – Norman Scott, Präsident der »Global Explorations« aus Gainesville (Florida), eine explodierende Mischung von Napoleon und Al Capone; Dennis B. Kane, Präsident der gleichnamigen Productions International der weltgrößten Fernsehgesellschaft ABC, ein Mann wie aus Leder; William E. Casselman, langjähriger Rechtsberater des US-Präsidenten im Weißen Haus, ein Diplomat vom Scheitel bis zur Sohle, jetzt Washingtoner Anwaltskollege jenes George M. Rehms, der sich auch hier wieder in der zusätzlichen Personalunion von Dolmetscher und Kraftfahrer bestens bewährt.

Der Feuerball Scott hat nach eigener Einschätzung »viertausend Fragen« an mich. Einige beschäftigen sich mit den Modalitäten künftiger Zusammenarbeit. Man bietet mir einen Full-time-Job für die Gesamtdauer der Erkundungen an. Ich nenne selbstbewußt meine für unsere Verhältnisse nicht gerade bescheidenen Forderungen. Nach kurzem Überlegen nickt Scott, quetscht ein breites »Okay« heraus und reicht mir die Hand. Ab sofort bin ich »Special Agent of Global Explorations«!

Es ist alles zu unwirklich, um es auf einmal zu verarbeiten. Ich denke an die vielen Monate quälender Ungewißheit, oft hämisch oder – noch schlimmer – mitleidig belächelt und spätestens nach der erfolglosen Suchaktion der Landesregierung wegen dennoch fortgesetzter Aktivitäten endgültig für verrückt erklärt – und nun dieser problemlos-plötzliche glückliche Ausgang!

Ich zwinge mich zu Ruhe und Gelassenheit, konzentriere mich auf das weitere Gespräch. Es geht um die morgige Fahrt nach Weimar und das dortige Programm der nächsten Tage, das Begegnungen mit dem Ministerpräsidenten und anderen führenden Vertretern der thüringischen Landesregierung sowie mit dem amerikanischen Generalkonsul vorsieht, vor allem aber Ortsbesichtigungen und Gespräche mit Zeitzeugen. Ich habe mich sehr sorgfältig vorbereitet, und mein Ziel ist es, die Gäste über das Weimarer Gauforum hinaus für weitere Suchplätze in ganz Thüringen zu begeistern.

21. Juni 1992: Die Hektik der zurückliegenden Tage hat es mir unmöglich gemacht, die jeweiligen Erlebnisse einzeln darzustellen, so daß ich erst heute – spätabends nach Leipzig zurückgekehrt – eine knappe Zusammenfassung niederschreiben kann. –

Kaum in Weimar angekommen, hat Scott das »Hilton« in

eine Art Führerhauptquartier verwandelt. Nahezu pausenlos klingelt für ihn das Telefon, fast stündlich werden ihm ganze Bündel von Fax-Nachrichten überbracht. Das ganze Haus wimmelt von Presseleuten und Fernsehteams, darunter die große amerikanische TV-Station CNN, die noch am selben Tag mit Scott, Stadelmann und mir ein Interview führt. Es ist ein unbeschreibliches Durcheinander, das auch in den folgenden Tagen anhält, jeder Terminplanung spottet, nur aus spontanen Aktionen zu bestehen scheint und sich meinerseits jeglichem Durchblick entzieht. Trotz größter Bemühungen vermag ich nicht, in diesem hautnah miterlebten Organisations-Chaos wenigstens einen Ansatz von Methode auszumachen.

Stadelmann führt die Amerikaner zu etlichen Suchorten im näheren Umkreis Weimars und ins Jonastal, während ich einen Besuch im ehemaligen faschistischen Konzentrationslager »Mittelbau-Dora« bei Nordhausen vorbereite, das als seinerzeit größte und unzerstört gebliebene unterirdische Produktionsstätte für modernste Kriegstechnik – die Hitlerschen »Wunderwaffen« V 1 und V 2 – ungemein beeindruckt. Auch die Gespräche mit mehreren Zeitzeugen bleiben nicht ohne die erhoffte Wirkung; vor allem fasziniert die berichtigte Aussage jener schon genannten Anita Pfeiffer, die Pflegerin der langjährigen Scheidig-Sekretärin Margarete Wiesach war, welche geheime Kunstdepots auf dem Gelände des Weimarer Gauforums in angeblich dreistöckiger Tiefe angedeutet hatte: Nicht von drei-, sondern von *sechs*etagiger Niederbringung sei die Rede gewesen, doch hat Frau Pfeiffer diese Angabe ob der vermeintlichen Unglaubwürdigkeit bewußt reduziert!

Bei all diesen Gespräche imponiert mir die in Rehm personifizierte taktische Behutsamkeit, die sich aber genau im entscheidenden Moment urplötzlich zum konzentrierten wie kompromißlosen Zubeißen wandelt. Dazwischen herrscht ein lockerer, fast flapsiger Ton, der sich als wahrer Balsam für meine angestaute innere Verhärtung erweist. –

Am heutigen letzten Tag haben wir noch eine Gemeinde im Landkreis Arnstadt besucht, die ein Mysterium in sich birgt, das geradezu schaudern macht – vielleicht wird davon später noch die Rede sein. Auf der Rückfahrt nach Leipzig bestätigt Scott, von der großen »Schatzkammer« Thüringen, dem Staatsrelikt des »Dritten Reiches«, fasziniert zu sein; seine bislang einundzwanzig Sponsoren (darunter solche Industriegiganten wie der Elektronikkonzern IBM) würden es ihm ermöglichen, auch den fernsten Winkel dieses Landes zu durchwühlen, selbst wenn es nicht Monate, sondern Jahre dauert.

Abschließend wird das Programm meiner anstehenden Aufgaben präzisiert. Während sich Stadelmann ausschließlich auf das Weimarer Gauforum zu konzentrieren hat, sind mir folgende Verantwortlichkeiten übertragen: 1. Recherchen im In- und Ausland (Archive und Zeitzeugen) für meinen Vertragspartner »Global Explorations«; 2. Kommentierung der künftig regelmäßig und weltweit verbreiteten ABC-Fernsehsendungen sowie gezielte Information der internationalen Presse; 3. Erarbeitung einer urheberrechtlich dieses Tagebuch nicht berührenden Text-Bild-Dokumentation für den riesigen New Yorker Medientrust Hearst, der schon jetzt – unabhängig vom Ergebnis – daraus einen Bestseller programmiert. Mitautor soll der namhafte amerikanische Schriftsteller Michael Walsh sein, der Zugang zu den Geheimarchiven der US-Army hat und mir gestern in Weimar vorgestellt wurde. –

Es ist schon fast Nacht, als wir in Leipzig ankommen. Scott verabschiedet sich mit den ausdrücklich nicht als Floskel betonten Worten, der Höhepunkt seines diesmaligen Deutschland-Besuchs sei gewesen, mich kennengelernt zu haben. Beide sind wir fest davon überzeugt, erfolgreich zusammenarbeiten zu können. Meine Aufgabe ist wie ein abenteuerlicher Kindheitstraum, der nun zur fast unwirklichen Erwachsenenrealität wird. Unzählige Menschen würden dazuzahlen, nur um am spannenden Wagnis dieser Schatzsuche teilzuhaben – ich hingegen werde dafür noch stattlich honoriert. So fühle ich mich wohl zurecht vom Glück begünstigt, vergesse aber auch nicht, selbigem kräftig nachgeholfen zu haben. Sollte ich in diesem Moment jemanden beneiden müssen, so wäre es einzig und allein – ich selber!

22. Juni 1992: In der heutigen, sich dieser Thematik bislang sehr verschlossenen »Leipziger Volkszeitung« ist in einer dpa-Meldung folgendes zu lesen: »Die Suche nach dem Bernsteinzimmer geht weiter. Nun will eine US-Firma in Thüringen nach dem seit 1945 verschollenen Kunstschatz suchen. Der Präsident der ›Global Explorations‹ (Florida), Norman Scott, sagte in Weimar, sein Unternehmen werde mindestens 790 000 Mark in die Aktion investieren. Bereits Anfang August sollten die Voruntersuchungen beginnen. Seine geophysikalische Firma verfüge über modernste Geräte und Verfahren bei der Hohlraumforschung, sagte Scott. Gesucht werden solle jedoch nicht nur unter dem ehemaligen NS-Gauzentrum in Weimar.«

9. Juli 1992: Heute habe ich mein wohl letztes »normales« Manuskript beim Gustav Kiepenheuer Verlag in Leipzig abgeliefert – »Der Hof zu Württemberg«, nun schon vierter Titel der überarbeiteten Neuausgabe des Mitte vergangenen Jahrhunderts publizierten, insgesamt achtundvierzig Bände umfassenden Monumentalwerkes »Geschichte der deutschen Höfe seit der Reformation« von Carl Eduard Vehse. Selbige ist bereits jetzt als wunderschön gestaltete Reihe ein editorischer »Renner«, und so sollen alljährlich drei weitere Bücher folgen. Diese begonnene Aufgabe nicht fortsetzen zu können, schmerzt ein wenig, möglicherweise noch mehr den Verlag, dem ich bisher meine Ausstiegspläne verschwiegen habe; denn ich brauche als Sicherheit erst den schriftlichen Vertrag mit den Amerikanern. – Es ist schon eine ziemliche Zäsur, die meine künftige Arbeit vor allem auf die Kunstfahndung konzentriert, zugleich aber auch eine vor zwei Jahrzehnten angefangene, freilich völlig andersgeartete Auseinandersetzung mit dem Faschismus weiterführt und solchermaßen einen Kreis schließt. –

Die zwischenzeitlichen Bemühungen für »Global Explorations« waren sehr erfolgreich: Ich habe die gewünschten Kontakte zum Baron von Falz-Fein in Liechtenstein ebenso wiederbelebt wie zu Dr. Janßen von der Hamburger ZEIT, war dank meiner Suhler Freunde im oberfränkischen Ludwigsstadt, wo mich der Chef der privaten »Kunstraub-Aufklärungskommission Thüringen und Sachsen«, Heinrich Grünbeck, gleichermaßen seiner Unterstützung versicherte wie nachfolgend der Meininger Rechtsanwalt Ulrich Brunzel, Verfasser der eben erschienenen Broschüre »Hitlers Geheimobjekte im Thüringer Wald«.

Neben zahlreichen weiteren Aktivitäten dieser Art habe ich mich insbesondere der intensiven Auswertung des jüngst in deutscher Sprache herausgegebenen Buches »Von Kaliningrad nach Königsberg« gewidmet, dessen russischer Autor Juri Nikolajewitsch Iwanow darin Teile des umfangreichen Georg-Stein-Archivs erstmals öffentlich macht. Dabei bin ich auf eine andere Spur gestoßen, die – erhärtet durch eigene, längst nicht abgeschlossene Recherchen – darauf hinweist, daß das Bernsteinzimmer (nicht die Kochsche Kunstsammlung!) möglicherweise doch noch in den letzten Kriegstagen aus Weimar abtransportiert wurde. Meine Vermutungen hinsichtlich des eventuellen Einlagerungsortes kann ich aber zum gegenwärtigen Zeitpunkt nicht diesem Tagebuch anvertrauen, sondern werde eine entsprechende Dokumentation zusammenstellen und sie im Tresorfach meiner Weimarer Bank deponieren.

24. Juli 1992: Es hat noch einmal qualvolle Tage und Wochen unvorhergesehener Zweifel gegeben, genährt durch die nicht gerade informationsfreudigen US-Partner, die wieder einmal schweigend alle Terminpläne über den Haufen geworfen und mich solchermaßen verunsichert haben. Ursache war die als reine Formalität eingestufte Grabungsgenehmigung seitens der thüringischen Landesregierung, der sich jedoch durch Bürokratismus und Kompetenzenchaos unüberwindlich scheinende Barrieren entgegenstellten. Rehm ist deshalb als Einzelkämpfer ohne Scott und Gefolge eingeflogen, hat dank massiver Vermittlung des amerikanischen Generalkonsuls »Todd« Becker endlich das Gespräch mit dem entscheidungsbefugten, inzwischen wieder fest im Sattel sitzenden Innenminister Böck führen können und heute die definitive Zusage erhalten. Damit ist das letzte Hindernis für meinen langfristigen Vertrag mit »Global Explorations« ausgeräumt, der mir nun unverzüglich zugehen und ausdrücklich die Einbindung in alle auch außerhalb Weimars gelegene in- und ausländische Nachforschungsobjekte fixieren soll; meine entsprechende Legitimation ist per Luftkurier bereits auf dem Wege. –

In knapp vier Wochen wird das US-Expertenteam mit seiner Hochtechnologie in Weimar als dem Ausgangspunkt weiträumiger Untersuchungen thüringischen Territoriums eintreffen. Ich werde die Zeit bis dahin nutzen, um die andere Spur des Bernsteinzimmers zu fundieren.

20. August 1992: Heute habe ich diese grundlegenden Recherchen abgeschlossen und nach einer schon vorherigen ersten Dokumentation, welche am 30. Juli im Banktresor hinterlegt wurde, die Ergänzungen fixiert, welche als Resultat wochenlanger intensiver Ermittlungen meine Hypothese stützen. Weitere notwendige Untersuchungen sind bis ins Detail vorbereitet, können jedoch erst realisiert werden, wenn meine Urheberschaft am Projekt gesichert und Vorsorge getroffen ist, jede unvorbereitete Publizität zu vermeiden, die den vermuteten Suchort einer Völkerwanderung von Medien und unkontrollierten Schatzgräbern aussetzen würde, gegen welche die seinerzeitige Belagerung des Jonastals geradezu ein geruhsames Kaffeekränzchen gewesen sein dürfte.

31. August 1992: Die Amerikaner haben wirklich etwas Partisanenhaftes an sich: Sie kommen nicht, wenn man sie erwartet, und sie sind da, wenn man nicht mit ihnen rechnet! Beispielsweise gestern, als ich kurz vor Mitternacht in Leipzig einen Anruf von »Global«-Präsident Scott erhielt, der mir aus dem Weimarer »Hilton« seine erst für eine Woche später geplante Ankunft verkündete und mich um mein baldiges Kommen bat. So hatten wir denn schon heute ein langes Gespräch über die letzten Vorbereitungen des bevorstehenden Einsatzes seines Expertenteams. Als außerordentlich sympathisch erwies sich der ihn begleitende ABC-Produzent Alex Gregory, welcher die Fernsehaufnahmen vor Ort leiten wird und dafür ein Kamerateam des Mitteldeutschen Rundfunks engagiert hat. –

Übrigens offenbarte Scott auch während des diesmaligen Besuchs sein Fleischerhundgemüt. Beim Mittagessen nämlich fragte er mich, ob ich vom natürlichen Tod meiner Vorgänger Stein und Enke überzeugt wäre. Geradezu genüßlich schilderte er neuere Erkenntnisse, daß ersterer von hinten erstochen und letzterer einer Vergiftung erlegen sei. Als ich ungerührt nur mit der Forderung nach Gefahrenzulage reagierte, versprach er mir verschmitzt den Abschluß einer millionenschweren Versicherung für den Fall meines gewaltsamen Ablebens – zu seinen Gunsten, versteht sich!

1. September 1992: Bevor Scott morgen nach Florida zurückfliegt, ist es mir gelungen, ihm mit dem Lockmittel meiner jüngsten Fährte einen vorläufigen, aber rechtsgültigen Vertrag abzuringen, welcher die wichtigsten Bestimmungen enthält und mich als »Researcher« (Forscher) – so auch die offizielle Funktionsbezeichnung im mir schon vordem zugegangenen Ausweis – an »Global Explorations« bindet. Es ist in Erfüllung meiner Forderungen eine faire und großzügige Vereinbarung, die der amerikanische Anwalt Rehm in den nächsten Tagen juristisch spezifizieren wird und die mich von all jenen materiellen Zwängen befreit, welche meine Frau in den zurückliegenden, für mich völlig einkommenslosen Monaten mit bewunderswürdigen Aktivitäten abgefangen hat. Ich kann nun ohne finanzielle Sorgen ganz jener Traumaufgabe leben und arbeiten, der ich bisher keinen einzigen Pfennig verdanke, sondern nur Unkosten, die sämtliche Reserven aufgebraucht haben. Dies ist ein langersehnter, glücklicher Tag!

1. Oktober 1992: Ein voller Monat ist seit meiner vorigen Eintragung vergangen. Mehrmals haben die Amerikaner ihren letzten vorbereitenden Besuch vor dem endgültigen Einsatz verschoben, sich nunmehr für die kommende Woche angekündigt. Mir hat diese Zwangspause ermöglicht, die vorangehend wiederholt zitierte andere Spur des Bernsteinzimmers weiter zu vervollständigen und in einer

Zwanzig-Punkte-Dokumentation zusammenzufassen. Von selbiger ist hier wohl letztmalig die Rede, will sich doch dieses Tagebuch vor allem dem von Anfang an auf Weimar konzentrierten Verdacht geheimer Einlagerungen aus der Endphase des faschistischen deutschen Regimes widmen.

In diesem Sinne habe ich mich in den vergangenen Tagen neuerlich ganz dem Gauforum zugewandt, insbesondere der geheimnisumwitterten Krypta. Mehr durch einen Zufall las ich im »Völkischen Beobachter« vom 26. August 1937 folgende visionäre Schilderung der künftigen Halle der Volksgemeinschaft:

»Durch eine 25 Meter tiefe und 65 Meter breite Vorhalle, von dem sich nach innen anschließenden Raum nur durch mächtige quadratische Säulen getrennt, betritt man die Halle und steht plötzlich gebannt von der Weite, die der Raum in uns auslöst. 15 000 Menschen können hier Platz finden. Hoch recken sich die riesigen quadratischen Säulen, die die Ränge rechts und links flankieren und den Saal von der Vorhalle trennen. Eine gewaltige Orgel wird auf der der Vorhalle gegenüberliegenden Bühne aufgebaut. In einer lichten Höhe von 23 Meter dehnt sich der Saal. Rechts und links der breiten Freitreppe, die von der Vorhalle zum Parkett hinabführt, öffnen sich schwere, eiserne Tore, den Blick freigebend in eine Gruft, in der die im Kampf für den Führer und Deutschland gefallenen Männer des Gaues Thüringen und einst *die* ruhen werden, die durch ihr Werk in Thüringen für die NSDAP und alle Volksgenossen unsterblich geworden sind. Bei allen feierlichen Parteiveranstaltungen werden so die Toten mit den Lebenden vereint sein. Die Gruft befindet sich unter der Vorhalle; vor jeder der sechs Eingangssäulen liegt eine bronzene Grabplatte, geschmückt mit dem Hoheitszeichen. In der Tiefe der Krypta ruht unter dieser Platte der Sarg. Symbolisch wird nun vor den Männern der Bewegung und ihrer Gliederungen der Tote als Fahnenträger gegenwärtig sein, denn für ihn, der einst fiel, steht nun über seiner letzten Ruhestatt hinter der vor der Säule eingelassenen Grabplatte ein anderer und trägt seine Fahne.«

Diese detaillierte Schilderung hat mich veranlaßt, im nunmehrigen Hauptstaatsarchiv Weimar mit dankenswerter Unterstützung durch den Direktor Dr. Volker Wahl sämtliche dort vorhandenen Baupläne des Gauforums einzusehen. Dabei ist es mir gelungen, einen einzigen, die Krypta präzise lokalisierenden Grundriß im Maßstab von eins zu hundert, ausgefertigt am 18. Juli 1939 vom Chefarchitekten Professor Hermann Giesler höchstpersönlich, aufzuspüren – die Gruft exakt mit einer Länge von fünfundvierzig Metern und zwei Zentimetern ausweisend und zudem noch die beiderseitigen Lastenaufzüge genau bezeichnend! –

Heute war überhaupt ein sehr freundlicher Tag: In Leipzig ist endlich per Fax aus Washington mein auf Anmahnung nachgebesserter offizieller Vertrag eingetroffen, und Rehm hat mich in einem der zahlreichen Telefonate jüngster Zeit informiert, daß nunmehr der neue thüringische Innenminister schriftlich die »Schürfgenehmigung« für das Land erteilt hat. Jetzt fehlen nur noch die Quartiere für die US-Spezialisten, doch ich bin mir gewiß, auch dieses Problem in den Griff zu bekommen.

12. Oktober 1992: Habe vier entnervende Tage mit Scott und Gefolge hinter mir. Die Amerikaner sind zwar alle sehr sympathisch, doch ist ihre unkalkulierbare Sprunghaftigkeit für mich als etwas preußisch orientierten Planer nur schwer zu verdauen: Vereinbarte Termine werden mit freundlichem Interesse zur Kenntnis genommen, aber auf geradezu selbstverständliche Weise nicht eingehalten, jeweilige Tagesabläufe scheinen sich erst beim Frühstück halbwegs zu präzisieren, um dann doch noch ständiger Improvisation zu weichen. Ich nehme dies inzwischen mit Gelassenheit, auch wenn es mir bis heute nicht gelingt, in solchem Durcheinander eine Art System zu erkennen. –

Es begann mit einem Abendessen im Leipziger Nobel-Hotel »Astoria«, an dem auch einer der Hauptsponsoren von Scott teilnahm: Charles Entenmann, ungekrönter US-»Backkönig«, als Multimillionär stilecht von einem vierschrötigen wie viereckigen Bodyguard begleitet. Entenmann schien mir von Anfang an recht zugetan – vielleicht, weil seine Großmutter meinen Familiennamen trug und überdies noch aus Leipzig stammte, vielleicht auch nur deshalb, weil ich bei seinem erstaunlichen Bierkonsum locker mithalten konnte. Jedenfalls raunte mir Rehm gegen Ende des Dinners zu, die Finanzierung des Unternehmens sei nunmehr endgültig gesichert.

Scott nutzte seinen diesmaligen Aufenthalt zu ersten technischen Voruntersuchungen an verschiedenen Orten und hatte dafür nicht nur Material aus amerikanischen Geheimarchiven mitgebracht, sondern auch hochempfindliche Geräte einfliegen lassen, deren Einsatz sich jedoch aufgrund fast tragikomisch zu nennender Umstände als wenig effektiv erwies: Die erste Apparatur kam gar nicht erst an, die zweite fiel aus, die dritte herunter. Als wir nämlich zu abendlicher Stunde in Begleitung der ZDF-Journalisten Fitzke und Hosny sowie einiger bewundernswert enthusiastischer Heimatforscher im Stollensystem des Jonastals – wo einst das letzte Führerhauptquartier entstehen sollte – herumkletterten, stürzte der amerikanische Spezialist Jerry Lee so unglücklich, daß bei ihm eine Rippe und bei der einzigen noch einsatzfähigen Technik etliches an Elektronik zu Bruch gingen. Den Rest besorgte Rehm, der das nach Abtransport des Verletzten übernommene

Gerät den Berg herunterkullern und der wohl endgültigen Schrottreife entgegenscheppern ließ. Wenn sich der alte Spruch bewahrheitet, daß bei der Generalprobe alles schiefgehen muß, können wir einer glänzenden Premiere gewiß sein! –

Folgende Episode sei noch am Rande vermerkt: Heute morgen auf der Fahrt von Erfurt nach Nordhausen geriet unser Auto in eine Ringfahndung der Polizei. Den Maschinenpistolen der Sicherheitsbeamten setzte Scott einen noch viel größeren Schreck entgegen – »We only speak English!« Erleichtertes Aufatmen, als sich Rehm schließlich des Deutschen kundig erwies. Bereitwillig informierten die versöhnten Ordnungshüter, daß während der vergangenen Nacht Cranach-Gemälde in Millionenwerten aus dem Weimarer Schloßmuseum gestohlen wurden. Da fiel mir siedendheiß meine kürzliche Abmachung mit einem befreundeten Mitarbeiter jener Kunstsammlungen ein: Mittels eines blauen Kittels wollte er mir als »technische Hilfskraft« Zugang zum bislang wie Fort Knox gehüteten Archiv verschaffen, daß im großherzoglichen Badezimmer nämlichen Schlosses eingelagert ist; wären nicht unvorhergesehen die Amerikaner aufgetaucht, hätte ich dort just am heutigen Tage meinen »Dienst« angetreten und wohl als Hauptverdächtigter des spektakulären Raubes herhalten müssen. Eine Laudatio also auf Scott und Co., zumal es da sonst nicht viel zu loben gibt!

19. Oktober 1992: Disput mit Rehm, der empört auf einen heutigen Artikel in der »taz« reagiert, welcher seinen Mandanten »Global Explorations« der Beteiligung am Weimarer Kunstraub verdächtige. Mir schwant nichts Gutes, ich kaufe das Blatt und lese tatsächlich in der vermuteten Autorenschaft meines schon mehrfach erwähnten Kollegen und Freundes Henning Pawel:

»Thüringen ist wieder im Bernsteinfieber. Die Suche nach dem aus Rußland nach Deutschland verschleppten, nach dem Krieg verschollenen Kleinod geht weiter. Die US-Firmengruppe Global Explorations will in den Thüringer Orkus tauchen [...] Die Thüringer Landesregierung hat grünes Licht für die Aktion gegeben. Schließlich lockt in jedem Fall die Investition von mehreren Millionen Mark, die das Unternehmen einsetzen wird. Die könnte das Land noch vermehren. Unser Vorschlag: Gründung einer Bernsteinzimmersuchindustrie mit eigenem Bernsteinzimmerlizenzministerium. Höhlen gibt es genug, alte Häuser, unter denen man buddeln kann, ebenfalls. Natürlich muß auch hin und wieder eine richtige Kostbarkeit gefunden werden. Woher nehmen? Natürlich aus den Dutzenden kaum gesicherter Thüringer Museen und Kunstsammlungen!«

Es fällt nicht leicht, den nüchtern-sachlichen Anwalt Rehm vom sarkastischen Charakter dieser Veröffentlichung zu überzeugen und letztendlich durch Vermittlung meiner Frau, die Hennings liebenswert-loses Lästermaul aus eigener Anschauung schildert, von einer ernsthaft erwogenen Verleumdungsklage abzuhalten.

4. November 1992: Heute habe ich mich mit einem lachenden und einem weinenden Auge endgültig von meinen letzten literarischen Projekten außerhalb des Bereichs der Kunstfahndung getrennt, zudem noch eine vereinbarte Lesung ebenso abgesagt wie die Teilnahme an einer morgen im Bonner Bundesrat stattfindenden Buchpremiere. Damit sind alle Brücken jahrzehntelanger Arbeit hinter mir abgebrochen, habe ich tabula rasa gemacht für meine Beteiligung an dem nun unmittelbar bevorstehenden Abenteuer, das wohl zu den größten der jüngsten Geschichte zählt.

Inzwischen ist Scott nämlich erneut in Deutschland gewesen. Vor genau einer Woche haben wir uns in Nordhausen getroffen und nachfolgend in der Gedenkstätte des ehemaligen Konzentrationslagers »Mittelbau-Dora« über die Grabungsgenehmigung im Stollensystem des angrenzenden Kohnsteins verhandelt. Eben dorthin führt die vorangehend mehrfach erwähnte andere Spur des Bernsteinzimmers, die ich in diesem Tagebuch eigentlich nicht mehr aufgreifen wollte. Doch da die Amerikaner nunmehr fest entschlossen sind, ihre gigantische, zahlreiche Suchorte vor allem in Thüringen einbeziehende Gesamtaktion gerade hier zu beginnen, kann ich die Ereignisse der kommenden Wochen schwerlich aussparen.

Mir selbst paßt diese überraschende Entscheidung, anstelle von Weimar den Kohnstein zum Startplatz zu wählen, gar nicht in mein Konzept. Mehrfach habe ich darauf hingewiesen, noch mindestens zwei bis drei Monate intensiver Recherchen zu benötigen, um genauere Lokalisierungen in diesem unüberschaubaren unterirdischen Labyrinth vorlegen zu können. Aber Scott drängt, will rasche erste Ergebnisse, die ihm hier wahrscheinlicher als anderswo sind. Und diese Überlegung ist durchaus logisch: Es müssen nämlich keine aufsehenerregenden Kunstfunde sein, um die Suche vor Ort zur Sensation zu machen, vielmehr ist der Erfolg vorprogrammiert; denn die in jenen Katakomben von Häftlingen unter mörderischen Bedingungen produzierten faschistischen »Wunderwaffen« V 1 und V 2 waren schließlich die Keimzelle der späteren amerikanischen Raketentechnik und damit zugleich der heutigen Weltraumforschung. Erst dieser Tage hat mich ein Bericht aus US-Geheimarchiven erreicht, daß 1945 hundert V-2-Geschosse, tausendvierhundertzwanzig Tonnen (!) wissenschaftliche Dokumente und sechsundvierzig Tonnen Mikrofilm aus dem Raum Nordhausen in die Vereinigten Staaten abtransportiert wurden – vor allem aber dreihundertfünfzig in die Alpen evakuierte deutsche Spezialisten mit Wernher von Braun an der Spitze, die damals das geistige Potential der weltweit höchstentwickelten Rüstungstechnologie bildeten. Dafür lassen sich ohne jeden Zweifel auch heute noch im Kohnsteinmassiv entsprechende Belege finden, welche die »Story« genau ein halbes Jahrhundert nach Eintritt der USA in den Zweiten Weltkrieg gewinnträchtig »vermarktbar« machen. Dies soll weder sarkastisch noch bitter klingen, fließen doch aus solcher Quelle neue Einkünfte und Sponsorenmittel für die dann andernorts fortzusetzende Suche, die letztendlich Geschäft, aber Geschichtsaufarbeitung zugleich bedeutet und von Scott erstmals auf die Gesamtdauer von bis zu fünf Jahren fixiert wurde.

5. November 1992: Abendlicher Anruf aus Washington. Frau Maria – eine zumindest phonetisch zauberhafte Österreicherin aus der dortigen Kanzlei von Rehm – teilt mit, daß »Scott und seine Bande« am 17. November in Nordhausen eintreffen und vorerst bis 16. Dezember bleiben werden. Gemeint ist das US-Spezialistenteam, für das dank der umsichtigen wie sympathischen Erfurter Dolmetscherin Sabine Metz (übrigens ein Jahr lang Au-pair-Mädchen bei Familie Rehm) im unweit gelegenen Neustadt/Harz ein Hotel unter Vertrag genommen werden konnte, welches die nicht gerade bescheidenen Ansprüche der Amerikaner erfüllt. Ich selbst bin nunmehr in der Pflicht, die bis dahin verbleibende kurze Zeit für möglichst effektive Recherchen zu nutzen, die mich in den nächsten Tagen nach Berlin, Hamburg und eventuell nach Kaliningrad (Königsberg) führen sollen.

23. November 1992: Die zermürbenden Wechselbäder von Hoch und Tief scheinen kein Ende nehmen zu wollen. Durch in jüngster Zeit fast täglich geführte Telefonate mit

Washington war ich schon informiert worden, daß sich die Ankunft von »Scott und seiner Bande« verzögern würde, da es noch einige Unstimmigkeiten mit der Gedenkstätte »Mittelbau-Dora« gäbe. Wenig später dann die freudige Nachricht, der Vertrag sei endlich unter Dach und Fach. Und heute nun die Hiobsbotschaft, daß das Landratsamt Nordhausen jegliche Aktivitäten der Amerikaner strikt ablehnt.

Mein Gott, welch »weise« Entscheidung! Scott hat der am Hungertuch nagenden Gedenkstätte goldene Brücken im wahrsten Sinne des Worte gebaut – eine einmalige Chance, die mit diesem meiner Meinung nach geradezu wahnwitzigen Veto beantwortet wird. Eigentlich könnte man Genugtuung darüber empfinden, daß sich solche Amtsträger, von der angebotenen weltweiten Publizität völlig überfordert, selbst ins Abseits stellen, wäre die ganze Verfahrensweise nicht symptomatisch für die hier im Osten Deutschlands bestimmende Unfähigkeit und Ignoranz. Vor allem aber laufen damit meine aufwendigen, so erfolgversprechenden Recherchen der letzten Monate Gefahr, völlig umsonst gewesen zu sein. Und last, not least sollte es nicht verwundern, wenn nun die Amerikaner von diesem hinkenden teutonischen Amtsschimmel endgültig die Nase voll hätten. –

Ein zweiter Anruf aus Washington mildert etwas solche generelle Befürchtung: Scott läßt im Nachgang zum vorherigen Gespräch ausrichten, daß jenes genannte Debakel keineswegs seine Gesamtpläne hinsichtlich Thüringens beeinträchtige; man müsse halt schlimmstenfalls an einem anderen Ort beginnen. Rehm, der sich im nunmehr dritten heutigen Amerika-Telefonat gegen Mitternacht (Washingtoner Ortszeit 18 Uhr) meldet, formuliert noch nachdrücklicher das fortbestehende Interesse an einer Zusammenarbeit mit mir, »egal, wo auch immer«. Das ist zwar Balsam auf meine Seele, vermag aber den Groll auf die neuerliche, unsinnige Verzögerung des Projektes nicht restlos zu kompensieren.

25. November 1992: Konferenzschaltung mit Frau Maria (Washington), Scott (Gainesville/Florida) und mir (Leipzig). Es ist, als säßen wir an einem gemeinsamen Tisch. Ich erlebe nicht zum ersten Mal dieses Dreiergespräch zwischen Kontinenten, bin aber immer wieder von neuem fasziniert ob des technischen Wunders, dessen Perfektion ich mir für ein Telefonat mit unserem Nachbarhaus nur erträumen kann. –

Scott wird nächste Woche nach Nordhausen kommen. Ich habe ihm bereits gestern wunschgemäß die vierseitigen Ergänzungen zu meiner auf »Mittelbau-Dora« bezogenen Dokumentation vom 24. September 1992 per Fax übermittelt und werde nun Varianten vorbereiten, um die »Hoheitsrechte« des Landratsamtes zu umgehen, desgleichen auch meine Recherchen bezüglich des Weimarer Gauforums fortsetzen, das sich nun doch wieder als Startort nachdrücklichst in Erinnerung bringt.

7. Dezember 1992: Ein mittleres Wunder ist geschehen – wie angekündigt sind Scott und sein Spezialistenteam tatsächlich in der vergangenen Woche eingetroffen. Ich bin erst heute zu ihnen gestoßen, da sich die anfänglichen Untersuchungen im Rahmen des weitgespannten Forschungsprogramms zunächst vor allem auf den gerade geräumten russischen Truppenübungsplatz bei Ohrdruf konzentrierten, was ich mangels dokumentarischer Belege als reine Zeitverschwendung betrachte. –

Im schon genannten Neustadt am Südrand des Harzes angekommen, bezeichnet mir ein Fahrzeugkonvoi mit Firmenschildern von »Global Explorations« das dortige Hotel

»Hohnstein« als Hauptquartier der amerikanischen Invasion. Die komplett eingerichtete Zentrale – selbst Tische und Stühle sind eingeflogen worden! – empfängt mich mit dem erwarteten Chaos: Unter dem dumpfen Brummen eines stromspendenden Generators wird auf Computern gehämmert, über eine eigens von Nordhausen aus gelegte Sonderleitung mit den USA gesprochen, Fax und Kopierer laufen ebenso wie lautstarke Diskussionen zu einem ausgebreiteten Stollenplan, mobile Telefone und Sprechfunkgeräte sind in Betrieb, man stolpert über Kabel und Stöße von Papier, Grubenlampen, Kletterseile und futuristisch anmutende technische Geräte. Zu allem Überfluß dröhnt ein Farbfernseher die neuesten deutschen Nachrichten, die ohnehin keiner der Amerikaner versteht. Und inmitten dieser lärmenden Konfusion liegt auf einem gummistiefelumsäumten Sofa ein pudelbemützter Berg von Mann im Tarnanzug und schnarcht seelenruhig vor sich hin – Eddie, der Boß fürs Grobe, der schon im Zirkus mit einem Grizzlybären gerungen hat. Ich sehe mich bei längerem Verweilen der Gefahr ausgesetzt, den Jahreswechsel in einer psychiatrischen Anstalt zu verbringen, und retiriere deshalb unauffällig in mein Hotelzimmer. Abends treffen wir uns zum Essen, und ich staune, wie ausgeglichen und fröhlich das Team erscheint. Alles hört auf Scotts Kommando, der gleichsam als Vaterfigur verehrt wird. Mit seinem Sponsor Charles Entenmann und dem englischen Spezialisten Phillip S. Lucock habe ich ein langes Gespräch, das nach allen zwischenzeitlichen Ermittlungen Weimar doch wieder als Hauptsuchort favorisiert, zumal ich den Grundriß der geheimnisvollen Krypta im dortigen Gauforum vorlegen kann.

8. Dezember 1992: Vormittags sichte ich hochinteressantes Material aus amerikanischen Geheimarchiven, das mir

Scott mitgebracht hat. Dazu zählt vor allem eine Lageskizze, die ehemalige Häftlinge des KZ Buchenwald von acht zugesprengten Bunkeranlagen im Steinbruch zeichneten. Nur zwei konnten durch die US-Army geöffnet und daraus schier unvorstellbare Werte geborgen werden, bevor am 3. Juli 1945 die Rote Armee als neue Besatzungsmacht einzog. Was verbirgt sich in den restlichen unterirdischen Depots am Rande des einstigen Lagers auf dem Ettersberg? –

Am Nachmittag besuchen wir Kurt Pelny, den langjährigen, inzwischen invalidisierten Direktor der Gedenkstätte »Mittelbau-Dora«. In drei Jahrzehnten hat er die Stollensysteme um Nordhausen erforscht, kennt sich wie kein anderer in jener vielfach unterhöhlten Region aus und glaubt nicht an größere Einlagerungen von Kunstschätzen. Dennoch hält Scott an der von mir gelegten Spur in diesen Raum fest, hat gerade heute auf die Dauer von zwei Jahren die »Schürfrechte« für die Schachtanlage »Heimkehle« erworben, deren kilometerlange Stollen systematisch erkundet werden sollen. Dazu sind modernste Radar- und Infrarotgeräte, elektromagnetische Sonden und Magnetometer eingesetzt, die es ermöglichen, den Berg bis zu einer Tiefe von fast zweihundert Metern nach verborgenen Hohlräumen zu »durchleuchten«.

Abends informiert mich Scott über sein nach Abschluß neunmonatiger Vorbereitung nunmehr endgültiges Programm für die Anfang nächsten Jahres beginnenden Arbeiten. Sie konzentrieren sich auf fünf Thüringer Suchorte, zu denen auch Weimar und Buchenwald zählen. Mir obliegt insbesondere die Vorbereitung des dortigen Einsatzes; weitere Schwerpunkte meiner Recherchen sollen sich auf die hier bewußt nicht genannten sonstigen Erkundungsplätze beziehen, vor allem aber die gründliche Auswertung des Georg-Stein-Archivs in Königsberg umfassen, von der man sich wichtige Hinweise für geplante Grabungen auch in anderen Ländern – beispielsweise der Tschechei – verspricht.

14. Dezember 1992: Nach vorherigem Besuch in Weimar und ersten geophysikalischen Untersuchungen der Freifläche des Gauforums sind Scott und sein Team heute zur Weihnachtspause nach Florida zurückgeflogen. Damit geht auch für mich in dieser Sache ein Jahr zermürbenden Auf und Abs zu Ende. Ich halte nichts von Horoskopen, habe aber dieser Tage mit unverhohlenem Vergnügen gelesen: »Für den Widder wird 1993 ein Super-Jahr. Sein Mut macht ihn zum Sieger. Seine Sterne stehen phantastisch. Venus (Liebe) und Merkur (Geld) beschützen ihn. Jupiter führt ihn. Nichts geht schief.« Na dann – packen wir's an!

1993

10. Januar 1993: Das angekündigte »Super-Jahr« hat sich bis jetzt in vornehmer Zurückhaltung geübt: warten, nichts als warten! Außer einem Weihnachtsgruß habe ich von Scott keinerlei Nachricht erhalten, und ein Anruf im Neustädter Hotel »Hohnstein« hat lediglich die Bestätigung gebracht, daß die Amerikaner noch nicht wieder angereist sind.

Dieser neuerliche Stillstand bot Gelegenheit, alles einmal nüchtern zu überdenken – nüchtern im doppelten Wortsinn, wenn ich meine allabendlichen Solo-Saufereien berücksichtige, in denen ich wachsende Zweifel wider besseres Wissen ertränkt habe. Ich glaube, daß mich erst jetzt, mehr als drei Jahre danach und mit um so größerer Wucht, die Wende in unserem Land eingeholt hat. Gut ging es mir und meiner Familie zu DDR-Zeiten, und ich habe nie ein Hehl daraus gemacht: großes Ansehen und entsprechendes Einkommen, langfristige Verträge bis ans Rentenalter, zugesicherte Ehrenpension des Ministeriums für Kultur, Urlaub in Künstlerheimen wie Schloß Wiepersdorf. Das waren die vielzitierten »Privilegien«, zu denen ich mich ohne jedes schlechte Gewissen bekenne; denn ich verdankte sie keiner Parteizugehörigkeit oder Protektion, sondern ausschließlich meiner über viele Jahre täglich vierzehn- und mehrstündigen Fleißarbeit, die diesem Staat auch erhebliche Devisen brachte. Wenn ich trotzdem schon früh zu den damals noch als »Rowdys« beschimpften Demonstranten auf den Proteststraßen von Leipzig zählte, so zunächst aus dem Unterbewußtsein, später der Gewißheit heraus, daß humanistisch-sozialistische Ideale, an die ich noch heute glaube, deformiert und dringendst reformbedürftig waren. Die jetzige Ordnung aber, die uns Ostdeutschen als Michelskappe wie einem Delinquenten vor der Exekution übergestülpt wurde, habe ich nicht gewollt.

Das immer lautere Einheitsgeschrei ab Anfang 1990 wurde von mir durch Aktionismus verdrängt: dreizehn Bände Neuerscheinungen in diesem und dem folgenden Jahr, acht Bände Lizenzvergaben, vier Bände Nachauflagen. Dementsprechend hoch die Einkünfte, und dazu noch in »harter« Währung! Dann jedoch die erste Ernüchterung: künftige Mini-Auflagen ohne Vorauszahlung, mein Stammverlag Gustav Kiepenheuer in permanenten, bis heute andauernden Schwierigkeiten, andere Editionshäuser mit indiskutablen, geradezu beleidigenden Angeboten. Und just in diesem Moment erschien mir wie der Stern von Bethlehem das legendäre Bernsteinzimmer in greifbare Nähe gerückt und solchermaßen als Alternative nutzbar zu sein – heute muß ich eingestehen, darin nur die bequeme Möglichkeit gesehen zu haben, mich den Demütigungen einer kunstfeindlichen Zeit entziehen und nach wie vor im Glanz des Außergewöhnlichen sonnen zu können.

Der Leser – ich hoffe noch immer auf eine Veröffentlichung dieses Tagebuches! – möge mir die langatmige Reminiszenz verzeihen. Es ist eine Selbstverständigung, welche in die bittere Erkenntnis mündet, wohl den Anschluß an die Wirklichkeit verpaßt zu haben. Man werte dies nicht als weinerliches Gebarme, auch wenn hinsichtlich meiner Kontakte zu den Amerikanern bei objektiver Betrachtung nur ein Scherbenhaufen bleibt: Sie haben alle Informationen von mir, und dies ohne jede Gegenleistung; sie haben mich über den interkontinentalen Tisch gezogen, und das schmerzt um so mehr, als ich mich in vermeintlicher Durchtriebenheit ihnen durchaus gewachsen fühlte. Hinzu kommt mein sich verstärkendes Unbehagen, jenes mir anfangs überaus professionell erscheinende »Global«-Team nach inzwischen eigener Erfahrung so dilettantisch agieren zu sehen, daß es vermutlich nur etwas finden kann, wenn der dicke Präsident zufällig auf eine dünne Tunneldecke tritt. Die ganze Planlosigkeit wird in einem der jüngsten Interviews deutlich, in dem Scott zwar vom »größten Forschungsprojekt nach dem Zweiten Weltkrieg« spricht, aber nicht weiß, ob er in die »Heimkehle« zurückkehrt oder andere Orte »in Sachsen, in Thüringen, in Hessen« beehrt. Und immer wieder solche Mystifikationen: »Das ist ein heißes, sensibles Thema. Eine viel größere Geschichte, als ich es Ihnen jetzt sagen kann.« –

Die gemeinsame Enttäuschung über diese unseriösen Praktiken hat meine ursprüngliche Partnerschaft mit Stadelmann wiederbelebt, welche nach heutiger Einsicht von den Amerikanern bewußt demontiert wurde. Aus ihm meinte man alles Erforderliche herausgelockt zu haben, um ihn bedenkenlos fallenzulassen. Dabei wurde jedoch nicht bedacht, daß er längst zur weltweit bekannten Gallionsfigur unserer gemeinsamen Forschung geworden ist und solchermaßen Anlaufpunkt von weit über Thüringen hinausreichenden Hinweisen und Zeitzeugenaussagen. Gerade in jüngster Zeit hat ihn eine Fülle hochinteressanten Materials erreicht, das es nun gezielt zu vermarkten gilt.

Damit ist ein sehr aktuelles Stichwort gefallen. Auf unsere ursprünglichen US-Partner können wir wohl kaum noch bauen, sondern müssen uns neue suchen. Dazu bieten sich die internationalen, ob der Geheimnistuerei von Scott verprellten Medien förmlich an. Ich habe bisher keine Alternative zum amerikanischen Forschungspaket »Thüringen« gesehen und gelähmt wie das Kaninchen auf die Schlange gestarrt. Irrtum! Die finanzstarken Zeitungen, Illustrierten und Fernsehstationen können ja in jeweiliger Eigenregie und dementsprechender Exklusivberichterstattung die erfolgsträchtigsten Einzelsuchorte selbst erkunden, die wir ihnen – natürlich gegen angemessenes Honorar – auf dem Silbertablett präsentieren. So beleben wir das Geschäft, setzen »Global Explorations« unter Druck und bringen Action in dieses Tagebuch. Ich werde mit Stadelmann alles Notwendige vereinbaren. Schon jetzt aber steht fest, daß die Zeit unserer Sprach- und Tatenlosigkeit vorüber ist!

12. Januar 1993: Heute bin ich nach Nordhausen gefahren, um mir den Kontakt mit einem Zeugen vermitteln zu lassen, der über konkrete Einlagerungen Auskunft geben kann. Die Spur in diesen Raum beschäftigt mich noch immer, auch wenn der von mir ursprünglich im Kohnstein vermutete Verbergungsort auf Grund neuerer Recherchen mit an Sicherheit grenzender Wahrscheinlichkeit auszuschließen ist. Ich habe alles ungezählte Male logisch durchgespielt und bin stets zum selben und einzig folgerichtigen Ergebnis gelangt, daß der mutmaßliche Kunstabtransport aus Weimar nur dieses Ziel gehabt haben kann. Ebenso sicher ist aber wiederum, daß dort keine Deponierung stattgefunden hat. Es ist wie die Quadratur des Kreises! –

Vor Ort lerne ich einen äußerst vertrauenswürdig erscheinenden Mann etwa meines Alters kennen, der folgende erstaunliche Geschichte zu berichten weiß: Von seinem Großvater, welcher viele Jahre in faschistischer Haft und bis zum Schluß im KZ Buchenwald war, habe er Kenntnis über einen von dort aus gestarteten Verbergungskonvoi, der in den letzten Kriegstagen unter Begleitschutz dreier Panzer zum Kohnstein fuhr. Die hier erwarteten menschenleeren Stollen – sämtliche Häftlinge waren zuvor von der SS evakuiert worden – hatten sich jedoch unvorhergesehen mit rund fünfzehntausend Einwohnern Nordhausens gefüllt, welche nach den verheerenden angloamerikanischen Bombenangriffen auf die Stadt an dieser Stelle Obdach suchten. So mußte der Transport kurzfristig umgeleitet und in einer benachbarten unterirdischen Anlage deponiert werden, deren Eingänge versprengt und getarnt wurden. Die beiden Tunnel seien noch bis in die siebziger Jahre regelmäßig auf Unversehrtheit inspiziert worden, später habe er die Kontrolle fortgesetzt. Mindestens hunderttausend Mark verlangt der Informant für die Preisgabe des Ortes, läßt sich nicht ein auf die von mir vermittelnd angebotene Fundprämienbeteiligung. Damit dürfte diese noch so überzeugende, weil sich nahtlos meinen eigenen Recherchen anschließende Nebenspur endgültig gestorben sein.

15. Januar 1993: In der »Leipziger Volkszeitung« lese ich einen Bericht von Günter Wermusch, der Kunstabtransporte aus Berlin in Milliardenhöhe schildert und dabei vorrangig die Region Nordhausen benennt. Ich weiß, daß Scott auch zu ihm Kontakt hat, und wittere wohl nicht zu Unrecht die Weitergabe von Informationen meiner jüngsten Fährte. »Wo also liegt das letzte, vergessene Depot? Allein der Komplex ›Dora‹ im Kohnsteinmassiv, die Produktionsstätte der V 2, weist 46 Stollen auf, die nach ihrer Sprengung durch die Sowjets 1946 [1948 – W. S.] heute nur zum Teil zugänglich sind. Auch sonst gleicht diese Gegend mit ihren ungezählten aufgelassenen und noch tätigen Stollensystemen einem Schweizer Käse. In welchem Stollen liegt der Schatz?« Zugleich aber wie ein düsteres Orakel die warnenden Worte eines aussageunwilligen Zeitzeugen: »Ich möchte gewissen Leuten, die sich um die Hinterlassenschaften der ehemaligen DDR kümmern, nicht in die Quere kommen, bin kein Abenteurer und ziehe es vor, im Bett zu sterben.«

18. Januar 1993: Heute habe ich endlich Gelegenheit zu einem Gespräch mit dem gerade in Leipzig eingetroffenen US-Anwalt Rehm. Er zeigt sich relativ unbeeindruckt von meiner angedrohten Kündigung des Beratungsvertrages mit seinem Mandanten »Global Explorations«, müsse darüber mit dem Präsidenten persönlich konferieren, würde mir aber baldigst Bescheid geben. – Es wäre für mich nach allen bisherigen Erfahrungen eine große Überraschung, in absehbarer Zeit wirklich der Ehre einer solchen Benachrichtigung teilhaftig zu werden!

28. Januar 1993: Bei Stadelmann treffe ich den schon vor längerer Zeit genannten Mitstreiter Hans Peter Lassas vom gleichnamigen Ingenieurbüro in München. Er regt an, als Gegengewicht zu den Amerikanern einen Förderverein »Thüringer Kunstfahndung« zu gründen, dem öffentliche Mittel und steuerlich absetzbare Sponsorengelder zufließen könnten; außerdem wäre damit unsere noch oft belächelte »Hobby-Forschung« ernstzunehmend institutionalisiert. Ich werde in Ruhe darüber nachdenken.

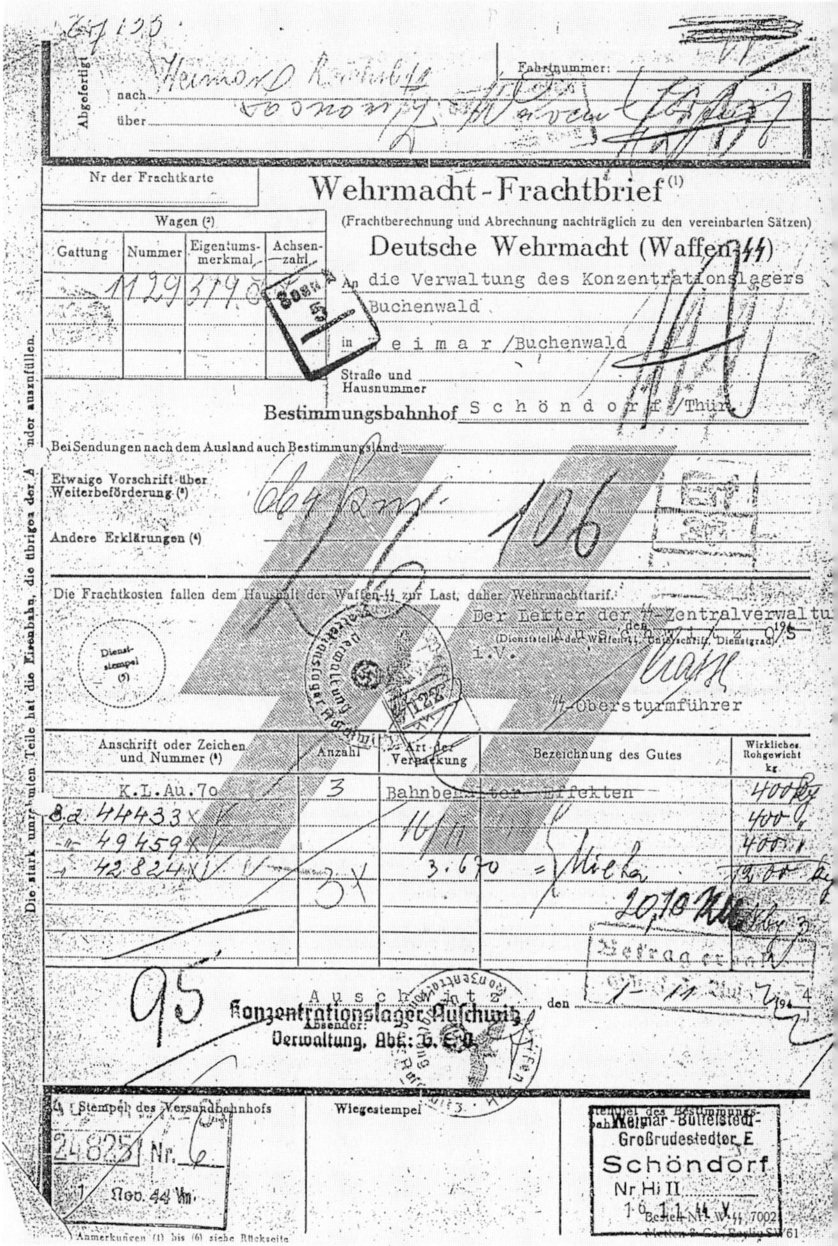

Abgefertigt

nach Weimar Buchenwald

über

Fahrtnummer:

Nr der Frachtkarte

Wehrmacht-Frachtbrief (1)

(Frachtberechnung und Abrechnung nachträglich zu den vereinbarten Sätzen)

Deutsche Wehrmacht (Waffen-SS)

An die Verwaltung des Konzentrationslagers Buchenwald

in Weimar /Buchenwald

Straße und Hausnummer

Bestimmungsbahnhof Schöndorf/Thür.

Wagen (2)			
Gattung	Nummer	Eigentumsmerkmal	Achsenzahl
	1129374		

Bei Sendungen nach dem Ausland auch Bestimmungsland

Etwaige Vorschrift über Weiterbeförderung (3)

Andere Erklärungen (4)

106

Die Frachtkosten fallen dem Haushalt der Waffen-SS zur Last, daher Wehrmachttarif.

Der Leiter der SS-Zentralverwaltung

Auschwitz, den 1.12.1944

(Dienststelle der Waffen-SS, Unterschrift, Dienstgrad)

i.V.

SS-Obersturmführer

Dienststempel (5)

Anschrift oder Zeichen und Nummer (6)	Anzahl	Art der Verpackung	Bezeichnung des Gutes	Wirkliches Rohgewicht kg
K.L.Au.7o	3	Bahnbeladen	Effekten	400 kg
44433				400
49459				400
42824	3	3.670	Miete	
				2070

Auschwitz den 1.11.1944

95

Absender: Konzentrationslager Auschwitz Verwaltung, Abt.: D.E.G.

Stempel des Versandbahnhofs

24825 Nr. 6

1. Nov. 44

Wiegestempel

Stempel des Bestimmungsbahnhofs

Weimar-Buttelstedt-Großrudestedter E

Schöndorf

Nr Hi II

16.11.44

Anmerkungen (1) bis (6) siehe Rückseite

Bestell-Nr. W 44 7002

11 Einer der Frachtbriefe, welche die gegen Ende 1944 begonnene Auslagerung von Häftlingsgut aus dem Konzentrationslager Auschwitz nach Buchenwald belegen; auf der Rückseite die Bestätigung, daß der Transport am 13. November 1944 in Weimar umgeladen wurde

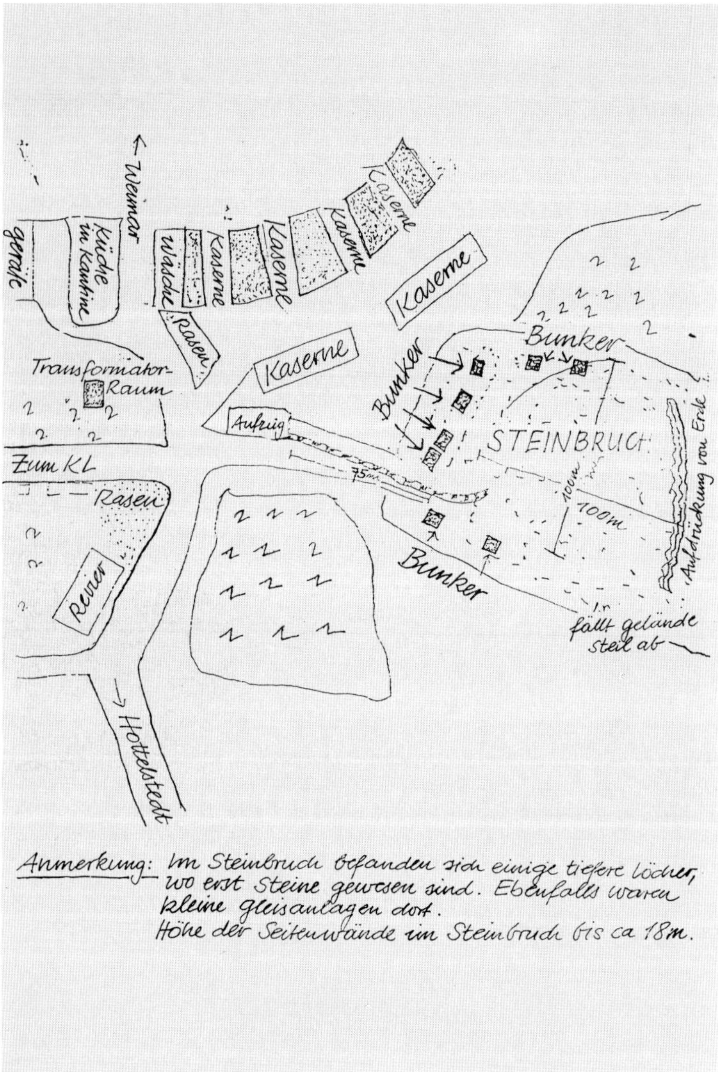

12 Ein sensationelles Dokument, hier erstmals veröffentlicht: Häftlingsskizze (Nachzeichnung), die der US-Army ermöglichte, Ende April 1945 im Steinbruch von Buchenwald zwei Geheimdepots freizulegen und aus ihnen Kostbarkeiten in mehrstelliger Millionenhöhe zu bergen, die neun (!) Zweieinhalbtonner-Militärlastwagen füllten; sechs weitere Bunker, die in der Lageskizze eingezeichnet sind, blieben wegen des wenige Wochen später erfolgten Abzugs der amerikanischen Truppen aus Thüringen ungeöffnet

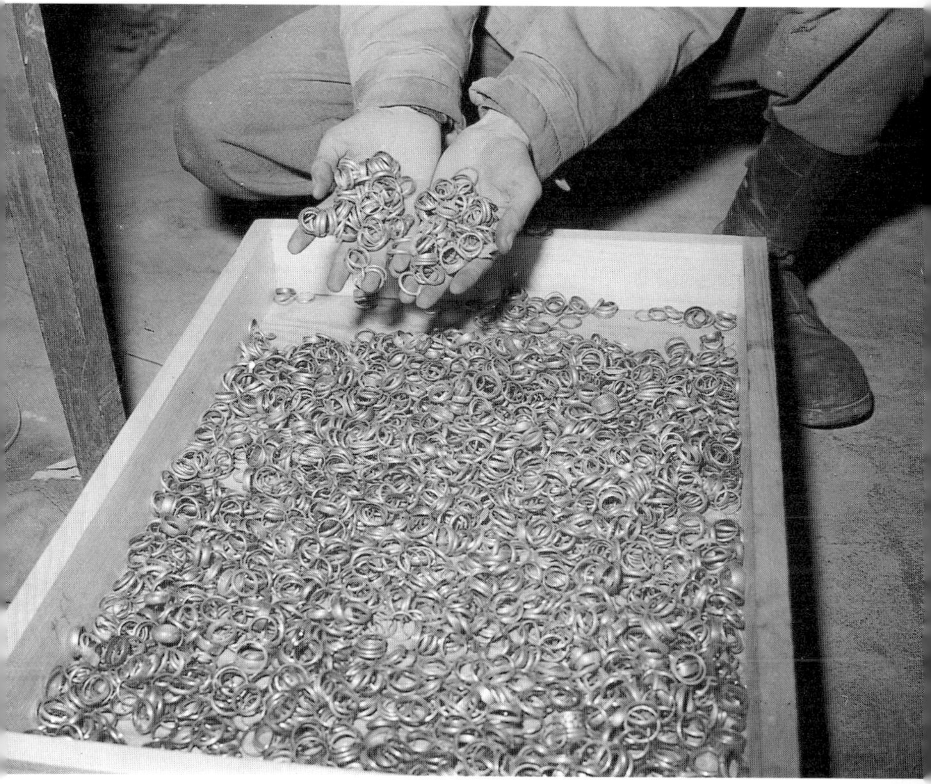

13–17 Historische Foto- und Filmaufnahmen vom Mai 1945:
GIs beim Sichten, Sortieren und Abtransport der in Buchenwald zutage geförderten Schätze

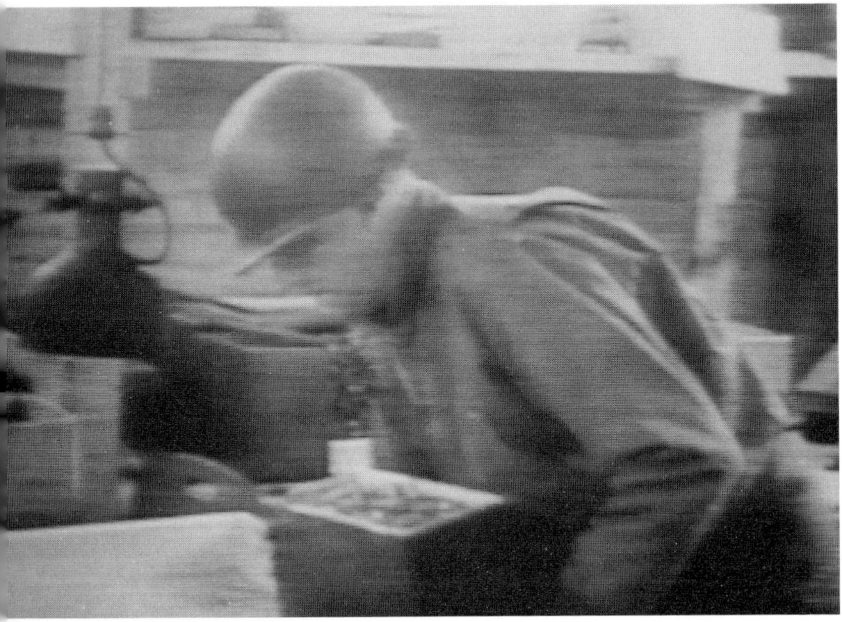

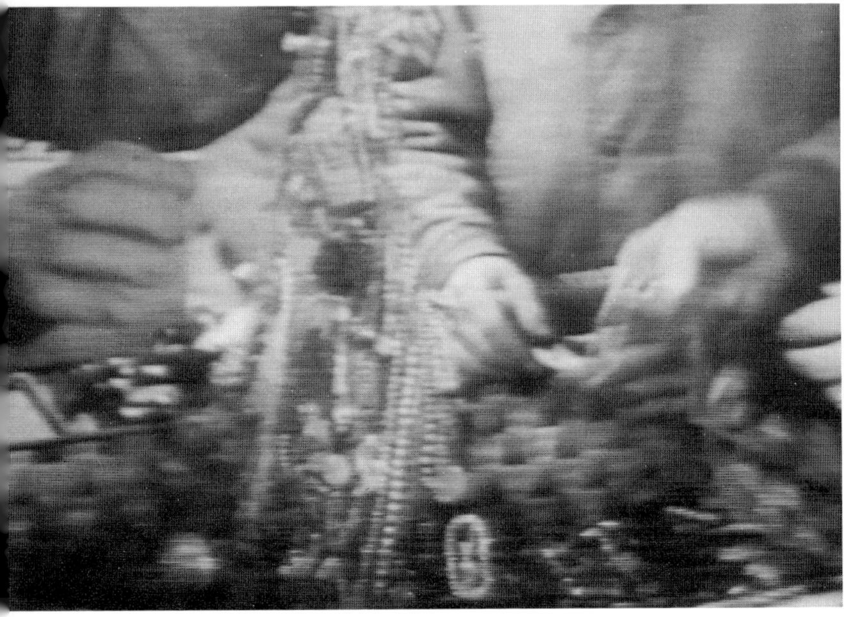

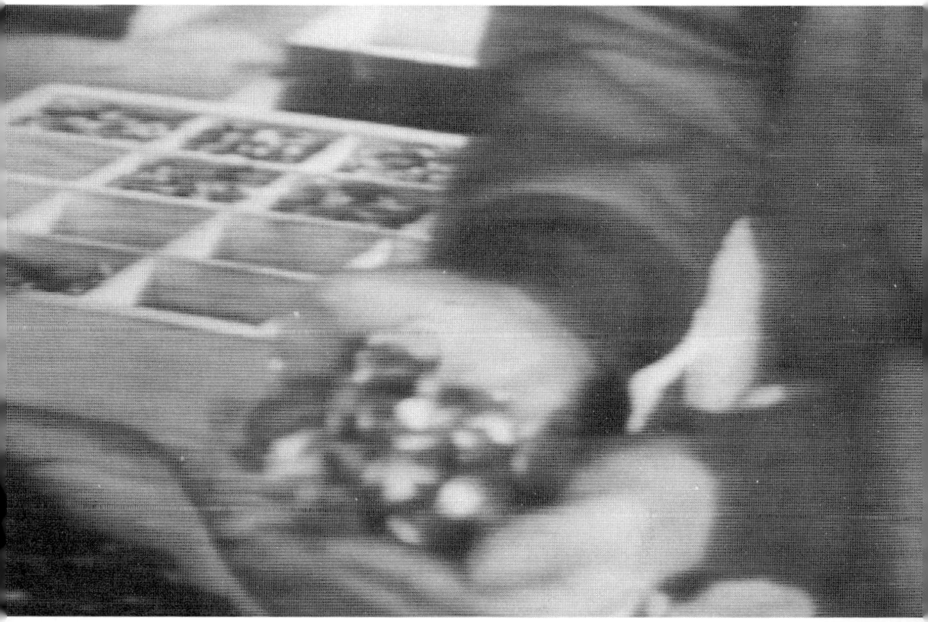

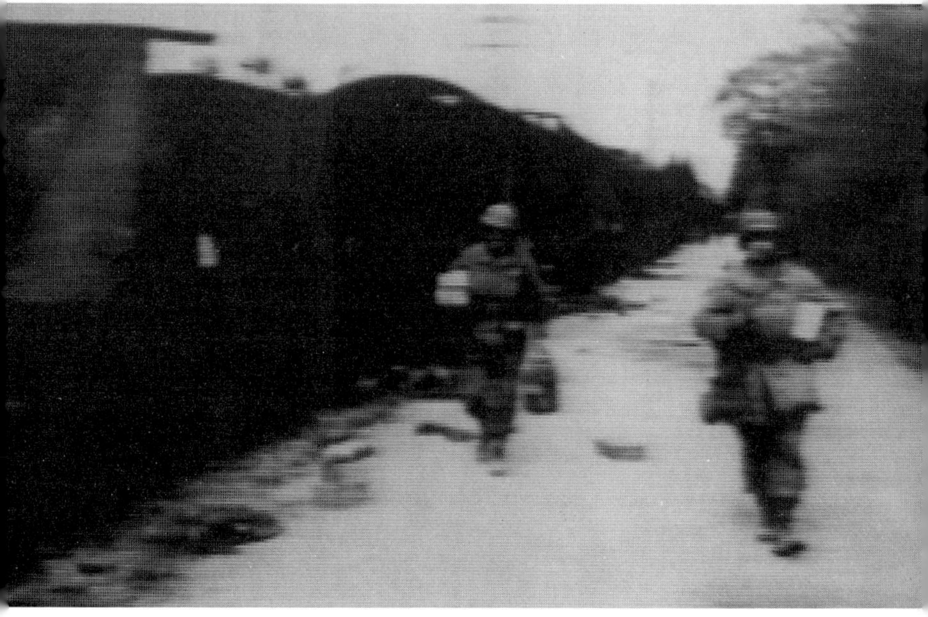

Contents of shipment 16

	estimated gross weighted (pounds)
Alarm clocks	7811.3
tableware	17102.8
watches	3321.2
watch repair equipment	73.4
fountain-pens and pencils	593.9
scrap metal	1485.3
metal trays, candlestick	1891.2
leather bill folds	441.1
scrap leather	309.4
gold coins	5.2
coins (other)	4030.1
paper currency	681.5
precious and semi-precious stones	95.3
rings (gold and other metal)	392.9
eyeglass frames, metal and plastic	484.1
teeth filling, gold and silver	302.5
stamp collection	1.6
safety razors and straight	332.2
metal handbags	88.0
mech. drawing instrums	92.4
small tools	165.6
novelty jewelry	792.9
metal trimmings for cloth	83.8
childrens toys	134.2
dishes and pottery	103.4
security beads	66.0

18 Inventar der aus Buchenwald stammenden Schiffsladung 16 zum Versand in die USA; die Liste verzeichnet unter anderem über vierzig Zentner Münzen, fast neun Zentner Juwelen und Edelsteine sowie sechsundsechzig Pfund Perlen

HEADQUARTERS 1ST US INFANTRY DIVISION
1st CIC Detachment
APO 1, US Army

12 August 1945

SUBJECT: Report of Buried Treasure near Buchenwald.

TO : AC of S, G-2, 1st US Inf Div, APO 1, US Army.

The attached report states that 100-150 trunks containing gold and silverware are buried in the STEINBRUCH quarry near Buchenwald.

We are forwarding this report to you for necessary action.

LOUIS J. CORTES
2d Lt., AUS (CIC)
Commanding

1 Incl:

Report

1st Ind

HEADQUARTERS 1ST US INFANTRY DIVISION, Office of AC of S, G/2
APO 1, US Army 18 August 1945.

TO: AC of S, G-2, XV Corps, APO 436, US Army

Forwarded for necessary action.

JAMES S. RUSSELL
Capt., Cav
Asst AC of S, G-2

1 Incl N o change

19 Bericht des Hauptquartiers der damals schon längst aus Thüringen abgezogenen 1. US-Infanterie-Division vom 12. August 1945, »daß 100 bis 150 Koffer mit Gold- und Silberwaren im Steinbruch nahe Buchenwald vergraben sind«

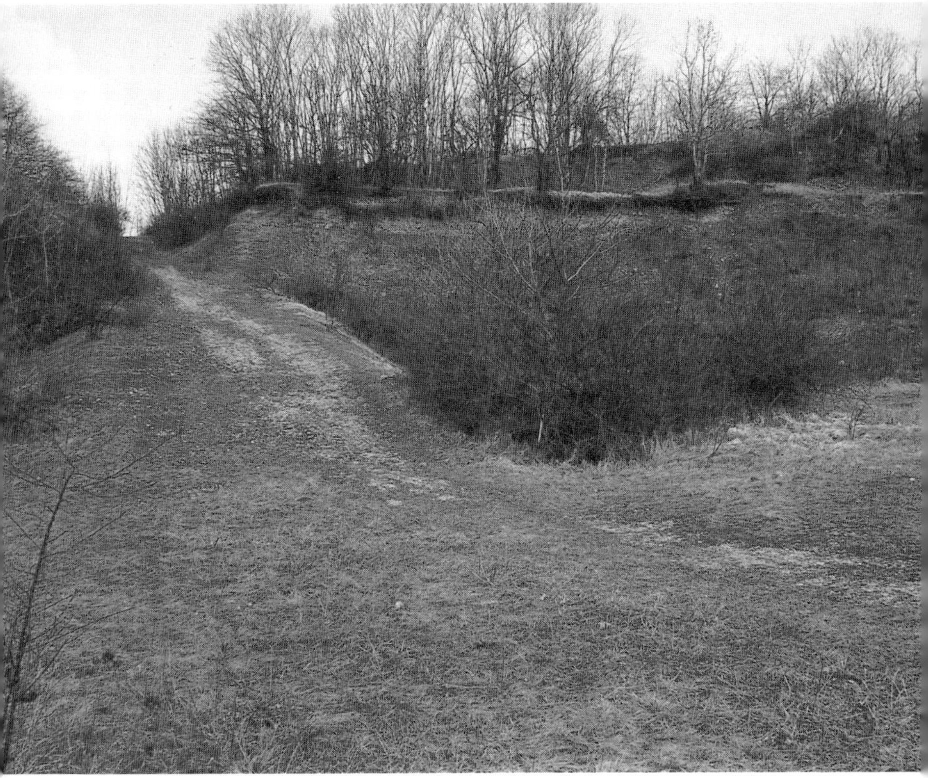

20 Steinbruch Buchenwald heute: Sechs Geheimdepots warten noch immer auf ihre Öffnung!

An unserem Gespräch ist auch der junge Ingenieur Bernd Schmidt beteiligt, der seit einiger Zeit mit Stadelmann zusammenarbeitet und ähnliche Besessenheit zeigt. Er hat erstaunliches Material insbesondere zu Buchenwald gesammelt, spielt uns beispielsweise das als anonym bezeichnete Interviewband mit einem ehemaligen Häftling vor (ich habe diesen schon nach den ersten Sätzen als einstigen Schreiber des Quarantäneblocks und späteren stellvertretenden Direktor der Gedenkstätte, Ottomar Rothmann, erkannt!), der über amerikanische Schatzfunde und -verschleppungen aus dem Konzentrationslager auf dem Ettersberg berichtet; seine Aussage bestätigt nachdrücklich die diesbezüglichen Informationen, welche ich von Scott erhalten und umgehend an den damit befaßten Stadelmann weitergeleitet habe. –

Im Laufe des Vormittags taucht noch ein Zeitzeuge aus Berlin auf, der im April 1945 eine seitdem unberührte dreistöckige Bunkeranlage unter einem unbebauten Grundstück im Zentrum der Hauptstadt entdeckt haben will. Es klingt alles recht glaubwürdig und bekräftigt zudem meine vorangehend getroffene Feststellung, daß bei Stadelmann auch eine Vielzahl überregionaler Hinweise zusammenfließt.

3. Februar 1993: Meine Suhler Freunde haben mir heute die dringend notwendige Rechtskonsultation hinsichtlich der von mir eingegangenen Bindung an »Global Explorations« vermittelt. Ihr empfohlener Anwalt bestätigt, der ihm vorgelegte Vertrag sei zwar von bemerkenswert schlampiger Abfassung, mein finanzieller Anspruch aber ohne jeden Zweifel juristisch begründet. Also wohl doch nicht ganz über den Tisch gezogen – im Tale grünet Hoffnungsglück!

Ich erteile Vollmacht, meinen Kontrakt mit den Amerikanern zum Monatsende zu kündigen, muß jedoch der anwaltlichen Ermahnung folgen, vor Ablauf dieser Frist keinerlei anderweitige Aktivitäten zu entwickeln, welche die vereinbarte Geheimhaltungsklausel verletzen könnten. So bleibt vorerst nur eine abermalige Zwangspause, doch fühle ich mich dennoch irgendwie befreit.

11. Februar 1993: Stadelmann hat sich angesichts meines momentanen »Maulkorbzwangs« einzelkämpferisch in das neue publizistische Gefecht gestürzt und mit einem heute veröffentlichten dpa-Interview nach eigener Diktion einige anheizend-sensationelle Informationen »herausgeplauzt«. Unter anderem erwähnt er ihm vorliegende »Dokumente aus amerikanischen Archiven«, insbesondere »ein Schreiben der 1. US-Infanterie-Division vom 12. August 1945, wonach hundert bis hundertfünfzig Reisekoffer mit Gold- und Silberwaren bei Weimar vergraben sein sollen«.

Da wird Scott wohl schäumen, handelt es sich doch um von ihm eingebrachtes Material aus erst 1989 freigegebenen Geheimbeständen. Er hat mir ausdrücklich gestattet, diese Unterlagen binnen weniger Stunden aus einem vielhundertseitigen englischsprachigen Konvolut herauszufiltern und zu kopieren. Die Weitergabe an Stadelmann als damaligen »Global«-Mitstreiter verletzte keineswegs meine auf unbeteiligte Dritte beschränkte Geheimhaltungspflicht, und wenn jener nun in eigener Entscheidung damit an die Öffentlichkeit tritt, ist das ein nur allzu verständlicher Wiedergutmachungsakt für seine weitaus umfangreicheren Informationen, die er den Amerikanern geliefert hat – eine Art ausgleichende Gerechtigkeit, die mich als vermeintlichen kleinen Ost-Idioten geradezu mit Genugtuung erfüllt! –

Der Zeitpunkt der neuen Medienkampagne erweist sich als überaus günstig. So konnte ich gestern in der Presse lesen: »Israel und jüdische Organisationen aus aller Welt haben vereinbart, gemeinsam die Rückgabe jüdischer Besitztümer und Vermögen zu fordern, die von den Nationalsozialisten [...] beschlagnahmt worden waren. Zurückgefordert werden Werte in Milliardenhöhe. Es handelt sich um Grundbesitz [...] sowie Kunst- und Kultgegenstände.« Gerade letztere hat die US-Army ja zentnerweise aus Buchenwald verschleppt, und auch die oben genannten Koffer, die aus Auschwitz stammen, dürften überwiegend jüdisches Eigentum enthalten. Solchermaßen müßten uns offizielle Verbündete zugewachsen sein, desgleichen durch die gestern in Dresden begonnenen ersten deutsch-russischen Verhandlungen über die Rückführung von Kulturgütern; das von Bundesinnenminister Rudolf Seiters und Kulturminister Jewgeni Sidorow unterzeichnete gemeinsame Protokoll verpflichtet die deutsche Seite ausdrücklich, die Suche nach verborgenen russischen Kunstschätzen zu intensivieren.

1. März 1993: Bin für einige Tage nach Weimar gefahren, um Stadelmann zumindest konsultativ für die von ihm vorbereiteten Gespräche mit einigen bedeutenden Fernsehstationen über die neueste Entwicklung zur Seite zu stehen. Ich selbst kann immer noch nicht offiziell in Erscheinung treten, da eine Antwort Rehms auf meine anwaltlich beantragte Vertragskündigung mit »Global Explorations« zwar jegliche finanziellen Ansprüche verweigert, aber im Nachsatz das fortbestehende Interesse an einer Zusammenarbeit mit mir formuliert. Dies ist freilich absurd, bindet mir jedoch die Hände und verschließt den Mund, den ich beispielsweise auch gegenüber der mich keineswegs unsympathisch belagernden »Bild«-Redakteurin Martina Kurz – in Kollegenkreisen ob ihres Hangs zum Unterirdischen als »Keller-Tina« bezeichnet! – zu halten vermag.

7. März 1993: Gespräch mit meinem Anwalt in Suhl. Er legt die Antwort der Amerikaner als Vertragsabsage aus, so daß ab sofort einer Bindung an andere Partner nichts mehr im Wege stünde; die Durchsetzung meiner finanziellen Forderungen will er unabhängig davon energisch betreiben, doch wachsen in mir ernste Zweifel an seiner fachlichen Kompetenz. –

Stadelmann hat inzwischen eine Vielzahl erfolgversprechender Kontakte mit Medien und anderen Institutionen gehabt, die eine neue Runde unserer Unnachgiebigkeit bezeichnen. Im Interesse des Lesers aber werde ich hier fortan keine illusionären Erwartungen, sondern nur noch konkrete Ergebnisse dokumentieren.

8. März 1993: Auf den Tag genau ist heute ein Vierteljahr seit meiner letzten Begegnung mit Scott vergangen. Sollten es wirklich nur vermutete finanzielle Schwierigkeiten sein, die dieses so vollmundig verkündete Forschungsprojekt gestoppt haben? Oder hat man in »Gottes freiestem Land« den Abbruch verfügt, aus Furcht, die Ermittlungen könnten auch Hinweise auf großangelegte amerikanische Kunstplünderungen im damaligen Nachkriegsdeutschland zutage fördern? Bisher war dieser Bannstrahl vor allem auf die Russen gerichtet, doch verschieben allein schon die mir von Scott zur Verfügung gestellten Dokumente über Verschleppungen aus Buchenwald jene Zielrichtung ganz erheblich. Gigantische Werte, vermutlich überwiegend aus dem KZ Auschwitz stammend und vor dessen bereits im Januar 1945 erfolgten Befreiung von der SS auf dem Ettersberg eingelagert, hat die US-Army klammheimlich von dort abtransportiert: Diamanten mit mehr als eineinhalbtausend Karat, zentnerweise Gold und Perlen. Aus zwei freigelegten Geheimbunkern im Steinbruch wurden Kostbarkeiten geborgen, die neun (!) Zweieinhalbtonner-

Militärlastwagen füllten; sechs weitere Depots harren noch ihrer Öffnung. Wenn man bedenkt, daß es sich bei all diesem vorwiegend um jüdischen Besitz handeln dürfte, gewinnt der ganze Komplex die Dimension eines Politikums. Um so unverständlicher die ignorante Reaktion der Gedenkstättenleitung von Buchenwald auf erste entsprechende Pressehinweise: Man sei für Geschichtsaufarbeitung und nicht für »Schatzgräberei« zuständig.

12. März 1993: Stadelmann meldet sich telefonisch mit dem Resümee der Woche. Er hat in Sachen Buchenwald mehrere von Martina Kurz (»Bild«) initiierte Gespräche mit Vertretern des Zentralrates der Juden und der israelischen Botschaft in Deutschland gehabt; auch ein Erfurter Oberstaatsanwalt sei nunmehr mit der Angelegenheit befaßt. Solche Bewegung ist zwar erfreulich, insgesamt aber noch viel zu vage. Das einzig Konkrete kommt von Stadelmann selbst: Er ist Großvater geworden!

II. Nachtrag 1994

24. März 1994: Das letzterwähnte Enkelkind ist mittlerweile ein Jahr alt – so lange habe ich mit diesem Tagebuch ausgesetzt! Und dies nicht etwa, weil die ganze Angelegenheit eingeschlafen wäre, sondern vielmehr aus der mir selbst auferlegten Beschränkung, eine Weiterführung von realen, mitteilenswerten, ja spektakulären Ergebnissen abhängig zu machen. Solche sind nunmehr zu verzeichnen.

Doch zunächst ein ganz kurzer Rückblick auf das seit meinem letzten Eintrag vergangene Jahr: Stadelmann hat nicht für einen einzigen Moment Ruhe gegeben und vor allem mit dem Pfund der auf Buchenwald bezogenen amerikanischen Geheimdokumente gewuchert. Journalisten aus aller Welt sind bei ihm ein- und ausgegangen, staatliche Dienststellen unter solch öffentlichem Druck schier zur Verzweiflung gebracht worden. Daß dennoch keinerlei konkrete Aktionen ausgelöst wurden, nährt meinen wiederholt geäußerten Verdacht vom ganz oben sitzenden »großen Blockierer«.

Während der gesamten Zeit waren Stadelmann und ich in ständiger, fast täglicher Verbindung. Meine Notizzettel seiner »Frontberichterstattung« könnten ganze Bände füllen und muten zuweilen an wie Hintertreppen-Thriller mit verdeckt vor Ort agierenden Agenten der KGB-Nachfolge und des CIA, des BND und des israelischen Geheimdienstes MOSSAD; beizusteuern hätte ich selbst noch ein konspiratives Treffen mit einem SS-Überlebensträger (das waren die Personen, die gegen Kriegsende ausgewählt und entsprechend materiell ausgestattet wurden, um die nationalsozialistische Bewegung neu aufzubauen), welches mit filmreifem Szenario in einem einsamen Waldstück unweit von Ulm stattfand – es klingt alles ein wenig irre, aber man gewöhnt sich überraschend schnell daran!

Stadelmann hatte in dieser Angelegenheit jedoch auch ganz seriöse Kontakte, so mit der Thüringer Staatskanzlei, welche seit Monaten vehement, aber völlig ergebnislos Unterstützung verspricht; mit der Erfurter Staatsanwaltschaft, die wegen der US-Verschleppungen aus Buchenwald unter dem Aktenzeichen 10 UJs 6731/93 ein Ermittlungsverfahren gegen Unbekannt eingeleitet hat; nicht zuletzt mit der Liegenschaftsgesellschaft der Treuhandanstalt, welche die einstige Halle der Volksgemeinschaft im Gauforum an einen Münchner Investor verkaufen will, der dort mit Blick auf die für 1999 erfolgte Kürung Weimars zur »Kulturhauptstadt Europas« einen Hotelkomplex mit gehobenem Freizeitangebot einzurichten beabsichtigt, verständlicherweise aber auf vorheriger Klärung von Mutmaßungen besteht, die künftigen Gäste würden sich auf Fundamenten vergnügen, in die Leichen von KZ-Häftlingen einbetoniert sein könnten. All dies hat jedoch bisher zu keinen greifbaren Ergebnissen geführt, und selbst das jüngst von anderer Seite angebotene spiritistische Experiment, mittels eines Mediums dem Bernsteinzimmer auf die Spur zu kommen, scheint momentan mehr Erfolg als die obrigkeitlichen Beteuerungen zu verheißen!

Ganz schlimm die Haltung der zerstrittenen Gedenkstättenleitung von Buchenwald auf von uns angebotene Zusammenarbeit. Noch heute sträubt sich mir das Gefieder, wenn ich im nachhinein das jedem Geschichtsverständnis hohnlachende Statement des damaligen Direktors in der »Thüringischen Landeszeitung« vom 20. August

1993 lese. Unter der geradezu beleidigenden Überschrift GEDENKSTÄTTE IST KEIN SPIELPLATZ FÜR FIXE IDEEN. BUCHENWALD WEHRT SICH GEGEN »SCHATZSUCHER« gibt er zwar zu: »Es ist richtig, daß Ende 1944 in Buchenwald von der SS die Effekten von Häftlingen, u. a. aus Auschwitz, gesammelt wurden«, aber: »Es handelt sich hierbei [...] in der Regel um kleine Habseligkeiten.«

Was für ein Schwachsinn! Zu einem Zeitpunkt, da selbst hohe Parteichargen um jeden Liter Benzin und jeden noch so kleinen Stauraum feilschen mußten, hat die SS nichts anderes im Sinn, als den Kindern oder Enkeln der von ihnen vergasten Häftlinge Vaters Brille oder Omas Krückstock über Hunderte von Kilometern nachzutragen! Doch weiter im Text: »Wem eigentlich gehören die Dinge derer, die oft mit ihren Familien dem Massenmord zum Opfer fielen?« – Ist das nicht scheißegal, wenn es um Geschichtsaufarbeitung geht? Und dann noch das Schärfste: »Sind ausgerechnet Deutsche dazu berufen, ›ihre Interessen wahrzunehmen‹, indem man die Schaufel an den Gedenkorten ansetzt?« – Ja, verdammt noch mal, wer denn sonst!! –

Aber genug der Reminiszenz, kein Wort auch zur erwarteten und jüngst begonnenen Rangelei, sich im »Super-Wahljahr« mit unserem Anliegen parteipolitisch zu profilieren. Stadelmann, der immer aufmüpfiger wird, droht jetzt mit dem letzten großen Knüppel, nämlich die Häftlingsskizze zu veröffentlichen, nach der die US-Army zwei Geheimdepots im Steinbruch auffand und daraus Wertsachen geradezu aladinscher Dimension abtransportierte; sechs weitere eingezeichnete Bunker blieben wegen des raschen Abzugs der Amerikaner aus Thüringen bis heute ungeöffnet. Die nach Publizierung des Lageplans drohende Invasion militanter Schatzsucher, angelockt durch die hier im freien Gelände verborgene, leicht veräußerbare »Beute« (darunter laut Dokument hundert bis hundertfünfzig Koffer voll Gold- und Silberwaren) hat Stadelmann gegenüber der Landesregierung in der ihm eigenen drastischen Art so veranschaulicht: »Da könntet ihr vor Ort nur noch Bratwürste als Zubrot für euer bescheidenes Beamtengehalt verkaufen!«

Blankes Entsetzen ob dieser Drohung, aber letztendlich doch nur Beschwichtigungen, Hinhaltungen, Versprechungen – lange werden wir das nicht mehr mitmachen. Ein Fernsehfilm über das Geheimnis von Buchenwald ist gedreht, die US-Botschaft in Bonn vorgewarnt. Stadelmann rührt das alles nicht, er steht wie ein Fels in der Brandung und verteilt knallharte Rundumschläge. Ich freue mich, ihn zum Freund und Mitstreiter zu haben, als Gegner würde er mich zur Verzweiflung bringen! –

Kürzlich las ich im Nachrichtenmagazin »Focus« vom 28. Februar 1994 unter der Überschrift STASI IM SCHATZFIEBER. 40 JAHRE LANG FAHNDETE DAS MINISTERIUM FÜR STAATSSICHERHEIT NACH DEM BERNSTEINZIMMER folgenden interessanten Bericht:

»Die Dokumentation mit dem Decknamen ›Puschkin‹ umfaßt 1200 Seiten. Vier pralle Aktenordner, Stasi-Registriernummer XV 3241/80, geben Aufschluß über eines der fruchtlosesten Kapitel der DDR-Geschichte: die Suche nach dem legendären, seit 1944 verschollenen Bernsteinzimmer.

Ein Prestigeprojekt: Ex-Stasi-Chef Erich Mielke hatte die Suche zur Chefsache erklärt. Allerdings wollte er das Kleinod von Weltgeltung keinesfalls in einem DDR-Museum bestaunen lassen. Vielmehr hätten es die ›Brüder in der Sowjetunion‹ – kleine Geschenke erhalten die Freundschaft – bekommen sollen. Der Mielke-Stellvertreter Gerhard Neiber wurde mit der Fahndung nach dem ›Achten Weltwunder‹ betraut. Dem Generalmajor stand die ›Hauptabteilung Untersuchungsorgan‹ (HA IX) zur Verfügung, ein mit handverlesenen Spezialisten bestücktes Ressort, dessen Erfolgsbilanz eine Chronologie von Pleiten und Pannen darstellt.

Unterlagen aus der Nazizeit, aus Polen, den USA, der DDR und der Bundesrepublik lieferten den Bernstein-Spitzeln ihre vermeintlich ›todsicheren Hinweise‹ auf den Verbleib des Kulturschatzes [...] Kaum eine Idee war abwegig genug, um nicht einen neuerlichen Späh- und Buddeltrupp in Bewegung zu setzen.

Stasi-Oberstleutnant Paul Enke hatte den Auftrag, DDR-weit alles ausfindig zu machen, was auch nur entfernt auf das Bernsteinzimmer hinwies. Dafür bekam er die Legende ›pensionierter Zivilangestellter des Innenministeriums‹ verpaßt. Niemand sollte ahnen, daß sich das Ministerium für Staatssicherheit mit Schatzsuche die Zeit vertrieb.

Unterstützung gewährten bei Bedarf Bergbau-Fachleute, Betriebskampfgruppen oder sogar Kinder aus dem Reservoir der Jungen Pioniere. In Einzelfällen waren mehr als tausend Profi- und Laien-Schnüffler im besonderen Einsatz.

Vierzig Jahre lang reihte sich trotzdem Flop an Flop. Mit deutscher Gründlichkeit krochen die MfS-Trupps in Bergstollen und Bunker, durchstöberten Scheunen und Keller oder tauchten in eiskalte Gewässer. Laut Akten inspizierten sie insgesamt rund 120 verschiedene Orte; an mindestens 29 Stellen versuchten sie, mit Probebohrungen und Echolotmessungen etwaige Hohlräume zu lokalisieren. Außer Gerümpel fanden sie nichts.

Im thüringischen Jonastal, dem Ort, an dem Hitler sein letztes unterirdisches Führerhauptquartier (›Olga‹) in einem Kalksteinberg hatte anlegen lassen, wurden laut Protokoll die ›tiefgründigen Untersuchungen erschwert, da es sich teilweise um einen von der Sowjetarmee genutzten Truppenübungsplatz handelt‹. Den Gesandten vom Mielke-Ministerium gewährten die Sowjets, selbst scharf auf den Schatz, nicht überall Zutritt.

Die Geheimniskrämer vom MfS ließen sich von niemandem ins Handwerk pfuschen. Als Redakteure der (Ost-) Berliner ›Wochenpost‹ sich ebenfalls zur Schatzsuche berufen fühlten, wurden sie barsch zurückgepfiffen. Sie mußten 1976 ihre Recherche-Unterlagen herausrücken und durften ihre Story nicht veröffentlichen.

Selbst der Zerfall der DDR stoppte die Suche nicht. Der endgültig letzte Eintrag in das 1200-Seiten-Sammelsurium stammt vom 12. September 1990 – drei Wochen vor dem ›Tag der Einheit‹ am 3. Oktober: ›Gerüchte sprechen von einem unterirdischen Gang in einem Bunkerturm bei Schwarzenberg im Erzgebirge.‹ Doch da hatte auch der allerletzte Stasi-Gräber bereits die Schippe abgegeben.« –

Auf Vermittlung Stadelmanns, der in Vorbereitung dieses Artikels konsultiert wurde, traf ich mich wenig später mit der Autorin, Petra Cichos, in Berlin. Als engagierte Journalistin will sie diese Thematik weiter verfolgen, und so kamen wir bald zum gegenseitig förderlichen Informationsaustausch. Meinem vorrangigen Interesse am Suchort Weimar entsprechend, erwähnte Frau Cichos aus den von ihr gesichteten MfS-Unterlagen einen sogenannten Sachstandsbericht vom 8. Mai 1990 (!), der gewissermaßen als Schatzgräber-Vermächtnis und der Weisheit letzter Schluß künftige Aktivitäten auf das Gauforum konzentrieren sollte:

»In aktueller Prüfung [...] befindet sich: Komplex Karl-Marx-Platz Weimar. Bei diesem Komplex (früher Adolf-Hitler-Platz) handelt es sich um einen in den 30er Jahren begonnenen und zum Kriegsende im wesentlichen fertiggestellten Häuserkomplex (Landesmuseum, ›Haus der Gliederungen‹, ›Gauleitung‹, ›Haus der DAF [Deutsche Arbeitsfront – W. S.]‹), der über umfangreiche Kelleretagen verfügt. Diese Gebäude sind unterirdisch miteinander verbunden. Wesentliche Bauunterlagen wurden offensichtlich kurz vor Kriegsende vernichtet. Offensichtlich sind nicht alle unterirdischen Anlagen bekannt bzw. heute offen.

Erste Prüfungen wurden im Herbst 1989 durchgeführt. Zwischenzeitlich wurden durch den [... – vierzeilige Namensschwärzung seitens der Gauck-Behörde – W. S.] weitere Vermessungsarbeiten zu den Objekten durchgeführt. Der aktuelle Stand dazu ist z. Z. nicht bekannt. Einbezogen in die Prüfungen ist der Leiter des Kreiskriminalamtes Weimar.

Da sich nachweislich Anfang April 1945 die Kochsche Privatsammlung in Weimar befand und von dieser bisher erst ca. ein Drittel wieder aufgetaucht ist [hier irrten die Genossen: Nichts ist von diesem Drittel wieder aufgetaucht, das im September 1948 zunächst nach Berlin-Karlshorst und von dort aus in bisher unbekannte russische Geheimdepots abtransportiert wurde – W. S.], besteht der Verdacht, daß das zweite [und das dritte! – W. S.] Drittel u. a. in diesen Objekten versteckt wurde. Unterlegt wird diese Hypothese dadurch, daß wenige Wochen vor Kriegsende ein ständiges Baukommando aus dem KZ Buchenwald in den Kelleretagen tätig war.«

Na bitte! Da haben wir doch die eindeutige Bestätigung dessen, was mir Stadelmann vor fast drei Jahren berichtete, von mir aber bis heute mit Skepsis quittiert wurde: Die Stasi hat tatsächlich – verdeckt durch die Nachfolgeorganisation AfNS (Amt für Nationale Sicherheit) und das ZKA (Zentrales Kriminalamt) – bis weit in die zweite Hälfte des Jahres 1990 hinein hier vor Ort agiert, um bezeugte Einlagerungen im letzten Moment »auszuheben« und über die politische Wende zu retten! Vom zentralen SS-Depot für Schmuck und sonstige Kostbarkeiten im Gesamtwert von etwa einer Milliarde Dollar, vornehmlich jüdischen Familien in zahlreichen europäischen Ländern geraubt, war damals die Rede. –

Die meinem Gespräch mit Frau Cichos nachfolgenden Wochen habe ich intensiv genutzt, um nicht nur die im obengenannten »Sachstandsbericht« enthaltenen Namensschwärzungen aufzuhellen. Das Ergebnis ist geradezu sensationell: Mitarbeiter des MfS müssen wirklich – fast ein Treppenwitz der Geschichte! – unmittelbar vor Auflösung ihrer organisatorischen Strukturen authentisches Beweismaterial für gigantische Einlagerungen im Gauforum erhalten haben, das allerdings in keiner Akte des »Bundesbeauftragten für die Unterlagen des Staatssicherheitsdienstes der ehemaligen Deutschen Demokratischen Republik« auftaucht. Es geht um das schon erwähnte zentrale SS-Depot, Tonnen von Zahngold aus der letzten KZ-Sammelstelle Buchenwald, die Kochsche Raubsammlung mit etwa achthundert Ikonen aus dem Besitz des Zaren Peter I. – und natürlich um das Bernsteinzimmer!

Diese spektakuläre Bestätigung erreicht mich ausgerechnet heute, da die Zeitungen voll sind von der gestrigen ersten Sitzung der deutsch-russischen Kunstrückführungskommission in Moskau. Außenminister Kinkel hat in ungewöhnlich deutlicher Sprache die zügige Herausgabe der nachweisbar nach Rußland verschleppten deutschen Kulturgüter gefordert und dies zu einem Prüfstein für die neue Qualität der bilateralen Beziehungen erklärt. Benannt wurden vor allem Schliemanns in Geheimdepots des Puschkin-Museums eingelagerter »Schatz des Priamos«, die Baldin-Sammlung aus der Bremer Kunsthalle und die Reste der Gothaer Schloßbibliothek; auch wurden die Auslagerungen aus der Rüstkammer der Wartburg ebenso zurückgefordert wie die Kupferstichsammlung Augusts des Starken, Gemälde von Cranach und Dürer aus Dresden sowie die Leipziger Gutenberg-Bibel. Die Gegenseite konterte mit ebenfalls konkret bezeichneten Verlusten, an der Spitze das Bernsteinzimmer – es haben eben alle kriegführenden Mächte massiv gegen die schon 1907 beschlossene Haager Konvention verstoßen, welche den Kunstraub ausdrücklich untersagt.

Kinkel hat in Moskau eine geradezu vorprogrammierte Abfuhr erhalten und durfte mit fünf (!) Büchern im schmalen Gepäck die Heimreise antreten. Der russische Kontrahent pokert in diesem Beute-Spiel erwartungsgemäß hoch, doch muß man andererseits die von Kulturminister Sidorow formulierte grundsätzliche Feststellung akzeptieren, daß sich Rückführungen nun mal nicht nur auf Einbahnstraßen bewegen können. Und hier wird das ganze Dilemma der unterschiedlichen Ausgangssituation deutlich: Während sich nämlich die nach Rußland verschleppten Kunstschätze weitestgehend in der Verfügung des Staates befinden, fiel das von Deutschen geraubte Gut entweder den letzten Kriegszerstörungen zum Opfer oder in die Hände westlicher Sammler – oder liegt noch heute in unerforschten unterirdischen Verstecken. Solange aber die Bundesregierung bei letzterer, einzig noch vorhandener Möglichkeit der Wiedergewinnung jegliche Aktivität vermissen läßt und private Initiativen – wir haben es selbst zur Genüge erfahren müssen! – von offizieller Seite nur massiv behindert werden, ist die Hoffnung auf ein Einlenken der russischen Verhandlungspartner reine und auch nicht durch wirtschaftlichen Druck realer werdende Illusion. Dazu ist diese Thematik viel zu sensibel und erschöpft sich keineswegs in ausschließlich materiellen Bereichen.

Uns geht es nicht um nationale Ansprüche, sind doch die umstrittenen Werke universaler Besitz einer enger zusammenrückenden Welt. Die eigentliche Tragik liegt in dem Umstand, daß sie heute noch – und dies schon seit einem halben Jahrhundert – hüben wie drüben in dunklen Depots dahindämmern und der Menschheit verlustig gehen, sich zudem Hinweise auf Schwarzmarktverkäufe aus zugänglichen Magazinen mehren, die einzigartige Kunstschätze endgültig der Allgemeinheit entziehen.

Dem entgegenzuwirken, klagen wir Handlungsbereitschaft ein, die eine alarmierte Öffentlichkeit über alles parteipolitische und diplomatische Taktieren hinweg mit dem Ziel der Wiedererlangung unersetzlichen Weltkulturerbes zu erzwingen vermag!

4. Mai 1994: Ein Durchbruch ist gelungen! Stadelmann hat heute mit der Gedenkstätte Buchenwald eine unter dem Druck der Öffentlichkeit von der Landesregierung wohl zähneknirschend abgesegnete »Vereinbarung über Untersuchungsmaßnahmen« unterzeichnet. In der »Thüringischen Landeszeitung« liest sich das so:

»Nach einjährigem Bemühen darf der Weimarer Hobbyforscher jetzt im Steinbruch des ehemaligen Konzentrationslagers Buchenwald die Suche nach dem dort von ihm vermuteten SS-Schatz beginnen. Mit modernstem Gerät soll in aller Behutsamkeit die Lage der Hohlräume lokalisiert werden [...] Stadelmann vermutet auf Grund von ihm zugespielten US-Geheimakten, daß in sechs Bunkern noch von den Nazis geraubtes Eigentum jüdischer Häftlinge lagert. Aus weiteren zwei Stollen hätten die Amerikaner kurz nach der Befreiung des Konzentrationslagers auf dem Ettersberg bei Weimar neun zentnerweise mit Münzen, Diamanten und Ringen beladene Lastwagen abtransportiert. Der Rest sei aus Zeitgründen nicht mehr geschafft worden.

›Wir sind keine Schatzsucher‹, stellte Stadelmann klar,

›sondern wollen Geschichte aufarbeiten.‹ Seine intensiven Nachforschungen haben jetzt den Frankfurter Fabrikanten Manfred Auras auf den Plan gerufen. Er sponsert die Arbeiten, die ›keine öffentlichen Gelder beanspruchen.‹ Ausgeführt werden sie von der Umwelttechnik GmbH Schondorf, einer bayerischen Firma. Sie wird noch in diesem Monat damit beginnen. Unter anderem werden mit Wärmebildkamera die Schuttkegel vermessen und modernste Meßprüfer über den vermuteten Stollen angelegt [...]

Man sei nicht unbedingt glücklich mit den Untersuchungen, sagte der Verwaltungsdirektor von Buchenwald, Walter Mönch. ›Unser Problem ist, daß der Steinbruch der größte Friedhof ist.‹ Dort hätten die schlimmsten Todeskommandos arbeiten müssen. Viele Opfer seien in Felslöchern verscharrt worden. Die Existenz eines SS-Schatzes solle aber nunmehr endgültig geklärt werden.«

Schon vordem hat sich die Presse intensiv mit dieser Thematik beschäftigt. So weilte Anfang April der US-Botschafter aus Bonn, Richard C. Holbrooke, in Weimar und versicherte gegenüber der »Thüringischen Landeszeitung« konkrete Hilfe bei der Aufarbeitung der Geschichte des Konzentrationslagers Buchenwald. »Amerikanische Militärhistoriker sollen untersuchen, was aus jüdischen Wertgegenständen und Habseligkeiten von Häftlingen geworden ist, die amerikanische Truppen nach der Befreiung Buchenwalds teilweise ausgelagert haben. ›Sie bekommen von mir Bescheid‹, verspricht Holbrooke.«

Die Rückmeldung kam schneller als erwartet. Gestern schrieb die »Thüringer Allgemeine« (Thomas Rothbart): »Mit den Unterlagen, die der Weimarer Heimatforscher Hans Stadelmann der Gedenkstätte Buchenwald übergeben hat, befassen sich inzwischen auch Experten aus den USA. Aus den Dokumenten geht hervor, daß die US-Truppen Ende April 1945 aus Stollen in der Nähe Buchenwalds

Wertgegenstände geborgen haben. Die Eingänge wurden anschließend aus Sicherheitsgründen gesprengt [...]

›Ich habe keinen Grund, die Authentizität der Dokumente als Kopien von Original-Dokumenten oder Arbeitspapieren anzuzweifeln‹, erklärte ein US-Historiker aus Washington, der im Zentrum für Militärgeschichte der US-Armee das Thema Buchenwald maßgeblich bearbeitete, in einem Gespräch mit TA. Wie die Unterlagen nach Deutschland gelangt sind, ist derzeit ebenso offen wie die Frage, wer die an Historiker der Gedenkstätte übergebenen rund 20 Blätter aus dem größeren Bestand ausgewählt hat [die Beantwortung dürfte spätestens jetzt erfolgt sein! – W. S.].«

Weiter zitiert das Blatt den amerikanischen Experten: »›Als professioneller Historiker würde ich die Berichte dieser Zeit wie folgt zusammenfassen: Das Gold wurde in den Stollen gefunden und abtransportiert. Die Schächte wurden aus Sicherheitsgründen geschlossen.‹ Mit großer Sicherheit läßt sich auch sagen, daß die Funde am 8. Mai 1945 unter Bewachung nach Frankfurt/Main transportiert wurden, wo sich das zentrale Depot der US-Armee für geborgene Wertgegenstände befand. Auch das Merkers-Gold, das von amerikanischen Truppen im April 1945 aus den Kali-Schächten abtransportiert worden war, wurde hier in den Räumen der Deutschen Reichsbank gelagert.

Der weitere Weg des Buchenwald-Goldes von Frankfurt aus läßt sich anhand der bislang vorliegenden Dokumente nicht nachvollziehen. Der US-Historiker verweist jedoch auf ein 4-Mächte-Abkommen vom Januar 1946, in dem vereinbart wurde, daß auch die in den KZ geborgenen Wertgegenstände unter Schirmherrschaft der Vereinten Nationen als Hilfe an die überlebenden NS-Opfer gegeben werden. Da es nicht möglich war, jeden einzelnen Eigentümer zu bestimmen, wurden die Mittel aus dem 25-Millionen-Dollar-Fonds hauptsächlich an Gruppen und Verbände von NS-Opfern verteilt.

Der US-Experte geht davon aus, daß sich Vermutungen über weitere Gold-Depots in der Umgebung Buchenwalds anhand der vorliegenden Dokumente nicht beweisen lassen. ›Dieser offizielle Report [...] stellt fest, daß alles Gold abtransportiert wurde.‹«

Hier nun muß heftiger Widerspruch angemeldet werden. Ich zitiere dazu aus den mir vorliegenden Geheimdokumenten des CIC, die den Ablauf der damaligen Aktion lückenlos belegen und ebenso eindeutig den Verbleib von Millionenwerten in bis heute ungeöffneten Bunkern des Steinbruchs von Buchenwald nachweisen:

»VERTRAULICH

Headquarters

First United States Army

APO 230

8. Mai 1945

Thema: Aussage von Leutnant Colonel John W. Bonner, Chief of War Crimes, Staff Judge Advocate Section, First United States Army, über den Fund von vergrabenem Gut im Konzentrationslager Buchenwald.

1. Zwei Tage, bevor die First National States Army das Gebiet mit dem Konzentrationslager Buchenwald übernommen hatte, schickte ich Major Howard McBee aus meiner Abteilung zum Buchenwald-Konzentrationslager. Er sollte alles über das Lager in Erfahrung bringen, so daß wir damit vertraut wären, wenn wir die örtliche Zuständigkeit erhielten.

Nachdem die First United States Army das genannte

Gebiet übernommen hatte, versuchte ich allen Gerüchten nachzugehen, die etwas über Schätze aussagten, die Deutsche von den Lagerinsassen beschlagnahmt und versteckt hatten. Aufgrund dieser Gerüchte ließ ich Major McBee zwei deutsche politische Gefangene namens Armin Walther und Kurt Maschewski befragen, die angaben, etwas über den versteckten Schatz zu wissen. Von ihnen erhielt er ausreichende Informationen, aufgrund derer eine Grabung an der von ihnen beschriebenen Stelle mit dem Schatz lohnte.

Ich gab Anweisung an die G-5 Sektion unseres Hauptquartiers, mit deutschen Zivilisten die Ausgrabung zu beginnen. Die Zivilisten arbeiteten unter der Aufsicht und der Anleitung von Major McBee und entdeckten am 29. April 1945 nach ca. drei Stunden Grabarbeiten einen Tunneleingang. Eine Beschreibung darüber wird Major McBee in seinem Bericht geben. Später entdeckte Major McBee einen anderen Tunnel in der Nähe des ersten. Darauf wies Major McBee die Lagerverwaltung von Buchenwald an, an den Tunneleingängen Wachen aufzustellen. Diese wurden auch sofort an jedem Eingang postiert, bis der gesamte Schatz geborgen war.

Major McBee brachte einige Koffer aus dem Schatz in mein Büro, und nachdem wir den Inhalt der Koffer erfaßt hatten, rief ich sofort Major Oliver Seth, Assistent des Generalinspektors im Hauptquartier, an, der seinerseits Colonel Hunter, den Generalinspektor selbst, anrief. Colonel Hunter kam und nahm den Schatz unter seine persönliche Obhut.

Major McBee brachte weitere Koffer aus dem Schatz im Tunnel in mein Büro, bis kein Platz mehr da war. Der Generalinspektor stellte daraufhin ein separates Gebäude im Hauptquartier zur Verfügung. Der gesamte Schatz aus meinem Büro wurde dann in das neue Gebäude hinübergebracht, und schließlich wurde der gesamte Schatz aus den Tunneln dort deponiert. Der letzte Teil des Schatzes wurde am 1. Mai 1945 aus den Tunneln entnommen.

Das gesamte Gut bestand aus Goldbarren, Währungsgeld und Goldmünzen aus den Vereinigten Staaten, Diamanten, verschiedenen Edelsteinen, Schachteln mit Silberlöffeln, Uhren, Weckern und verschiedenen anderen wertvollen Gegenständen. Der ganze Schatz wurde an das Hauptquartier der G-5 übergeben, das wiederum Major Whitman, G-5 Finance Branch, First United States Army, die Leitung übergab. Major Whitman verpackte ihn und sandte ihn zu der Currency Section, Twefth Army Group, G-5, nach Frankfurt. Major Whitman versprach mir eine Kopie seiner Inventur, sobald sie vollständig vorliege. Bis jetzt ist die Kopie noch nicht da, sie wird aber in Major McBees Bericht beiliegen.

2. Nachdem der gesamte Schatz aus den Tunneln entfernt war, gab ich Anweisung an die Engeneering Section unseres Hauptquartiers, die Eingänge zu den Tunneln durch Sprengungen zu schließen, damit niemand durch einen Einsturz verletzt oder getötet werden könnte. Die Tunneleingänge wurden daraufhin gesprengt und mit einem Bulldozer endgültig verschlossen. Der verantwortliche Ingenieur erstellte über diesen Vorgang einen Bericht. Dieses Schriftstück wird dem Bericht von Major McBee beiliegen.

3. Die Tunneleingänge wurden von der Signal Section unseres Hauptquartiers fotografiert und gefilmt, ebenso das Innere und Teile des entdeckten Schatzes. Alle Fotos und Filme werden dem Bericht von Major McBee beiliegen.

JOHN W. BONNER
Lt. Col., Jagd,
Chief of War Crimes«

»VERTRAULICH
Headquarters
First United States Army
APO 230

8. Mai 1945

Thema: Aussage von Major Howard M. McBee, Investigating Officer, War Crimes Branch, Staff Judge Advocate Section, First United States Army, über den Fund des versteckten Schatzes im Konzentrationslager Buchenwald.

Am 28. April 1945 stellte ich unter der Leitung von Lt. Col. John W. Bonner, Chief of First Army War Crimes Section, weitere Nachforschungen im Konzentrationslager Buchenwald bezüglich versteckter wertvoller Güter an. Erste Informationen darüber erhielten wir aus einem Gespräch mit Armin Walther und Kurt Maschewski, zwei deutsche politische Lagergefangene. Beide wiederholten lediglich das Gerücht über die Existenz eines Schatzes. Das Gerücht stammte von einem Friedrich Müller, ebenfalls ein deutscher politischer Gefangener, der in der Desinfektionsanlage im Lager arbeitete. Müller bestritt, etwas über den Schatz zu wissen, bot aber an, mir die Höhle zu zeigen, zu der er einen Gasbehälter bringen mußte.

Wir gingen zu dem Steinbruch im westlichen Teil des Lagers, und Müller deutete auf die Stelle, an der SS-Männer von Buchenwald ihn dazu zwangen, den Gasbehälter aufzustellen. Es wurde ihm allerdings verboten zu sehen, was in der Höhle war. Er erklärte, daß er den Behälter in der Nähe des Eingangs abgelegt habe und daß dieser kein Gas enthielt.

Anschließend ließ ich zwei Gefangene, die offiziell im Steinbruch gearbeitet hatten, kommen. Mit Hilfe ihrer Aussagen entdeckte ich zwei Luftschutzbunker in der Nähe des Platzes, den Müller mir gezeigt hatte. Diese Bunker waren durch Explosionen völlig verdeckt worden, wie ich anhand von Spuren nahe des unteren Steinbruchrandes feststellte.

Der Army Chemical Officer, Col. Frederick B. Gerhard, untersuchte den Steinbruch, um herauszufinden, ob sich irgendein giftiges Gas in der Gegend befindet. Er verneinte dies, was sich hinterher als richtig erwies.

Dann beauftragte ich die MG in Weimar, mir einen Arbeitstrupp mit zwölf Zivilisten für den nächsten Tag, den 29. April, zur Verfügung zu stellen. Diese zwölf Männer kamen um 13.00 Uhr und begannen sofort, die beiden vermutlichen Eingänge auszugraben. Nach drei Stunden harter Arbeit war ein kleines Loch im ersten Eingang entstanden. Ich kroch durch dieses Loch und untersuchte den bereits sichtbaren Tunnelabschnitt. Dort fand ich verschiedene Koffer und Holzkisten und auch einige Fässer. Einiges ließ ich sofort herausholen und informierte dann den Sicherheitsdienst von Buchenwald. Von diesem Zeitpunkt an wurde die Höhle zu einer regulären Wachstation des Lagers [...]«

»VERTRAULICH

Das Büro für Kriegsverbrechen und der Armee-Generalinspektor übernahmen die volle Verantwortung für die Lagerung der Güter. Am 29. und 30. April und am 1. Mai wurden neun 2 1/2-Tonner mit Gütern aus den beiden Tunneln beladen und dem Generalinspektor überbracht. Der erste Eingang wurde verbreitert, und der zweite wurde während der ersten 1 1/2 Tage geöffnet.

Am 2. Mai, nachdem das gesamte Gut aufgeladen war, inspizierten Col. Bonner und ich die Tunnel von innen und stellten fest, daß alles aufgeladen war. Fotografen aus dem Signal Corps machten dann Fotos von dieser Gegend, und wir begannen damit, die Tunnel zu schließen.

Am 3. Mai waren die Tunnel komplett geschlossen, und der damit beauftragte Ingenieur-Offizier gab einen Bericht darüber ab. Sobald die Tunnel völlig geschlossen waren, wurden die Wachen abgezogen.

Vom Zeitpunkt der Tunnelöffnung bis zu ihrer Entleerung war das Gut unter angemessener Bewachung im Steinbruch und auf dem Weg bis zu dem Platz, wo ich die Kontrolle übernahm.

Die ursprüngliche Herkunft der Güter wurde nicht definitiv bestimmt. Ihrem Wesen nach stammen sie offensichtlich von einer Vielzahl von Einzelpersonen. Ob diese Personen Häftlinge in Buchenwald waren, ist eine weitere offene Frage. Bei Nachforschungen wurden keine regelmäßigen Sammelaktionen für solches Gut und für dessen Aufbewahrung durch SS-Truppen entdeckt.

HOWARD M. MCBEE
Major, BA.
Investigating Officer«

»MAJOR WHITMAN ZUR ERINNERUNG

5. Mai 1945

1. Nach den Anweisungen der DC/S (0) hat die G-5 Sektion die Verantwortung für die erbeuteten Güter der Häftlinge aus Buchenwald übernommen. Bis heute 17.00 Uhr wird dieses Gut unter der Aufsicht von dem Inspektor sein, dem die Umstände der Entdeckung und das Versteck bekannt sind. Der Generalinspektor war bei einer Untersuchung des Gutes persönlich anwesend. Die Tatsache, daß der Generalinspektor dieses bearbeitet, war der G-5 vor diesem Datum nicht bekannt. Das Gut ist jetzt unter der Aufsicht IG Department, das das Gut sortiert hat.

2. Einige der Edelsteine sind unter der Aufsicht des Finance Officer Major Windom. Diese muß der Finance Officer sammeln, und das gesamte Gut muß streng unter Verschluß gehalten werden. Es soll so wenig wie möglich damit gearbeitet werden, und niemand hat dazu Zugang, ausgenommen die Personen, die damit zu tun haben.

3. Die Kisten sind zu vervollständigen, so daß das Gut am 6. Mai um 7.00 Uhr auf Lastwagen verladen werden kann. Die Lastwagen sind dann unter Bewachung nach Frankfurt am Main weiterzuleiten.

4. Major Whitman soll Anweisungen treffen, wer die Verantwortung zu übernehmen hat, und dafür sorgen, daß die gesamte Ladung ohne Schaden der CURRENCY SECTION, TWELFTH ARMY GROUP, in Frankfurt am Main übergeben wird. Die Lieferung an die Currency Section soll am 6. Mai erfolgen. Während der Fahrt darf nicht angehalten werden, außer in Notfällen und auch dann nur unter Bewachung. Die Lastwagen werden von einer Eskorte begleitet, und keiner außer den Fahrern und der Bewachung darf bei den Lastwagen sein. Major Whitman wird mit seinem Wagen dem Konvoi folgen. Er wird mit einer Motorradeskorte die Lastwagen regelmäßig kontrollieren. Major Whitman wird einen anderen Offizier vorausschicken, so daß entsprechende Anweisungen in Frankfurt am Main für diesen Konvoi im Laufe des 6. Mai getroffen werden können.

5. Dies bestätigt und zeichnet die Vereinbarungen und Anweisungen zu gegebenem Datum auf:

DAMON M. GUNN
Col., GSC,
ACOS, G-5, 1st Army«

»SCHIFFSLADUNG 16

Am 7. Mai 1945 nahm Major Whitman von der 1st US Army 313 Kisten mit Währungen, Juwelen und Münzen in Empfang, die in einer Höhle außerhalb von Buchenwald vergraben gewesen waren. Er forderte, die Schiffsladung unter die Aufsicht der Abteilung für Kriegsverbrechen, Staff Judge Advocate, 12th Army Group, zu stellen; die Sachen sollten bei einem späteren Kriegsverbrecherprozeß als Beweismaterial dienen.

Die Kisten enthalten eine Vielzahl von Dingen wie Münzen, Uhren, Rasierer, Werkzeuge, Tischgeschirr, Platten, Zahnfüllungen usw. Die Wertgegenstände sind noch nicht vollständig aufgelistet, aber eine erste Übersicht wurde erstellt. Die Anlage enthält eine Liste der Gegenstände aus der Ladung mit ungefährer Angabe des jeweiligen Gesamtgewichts. Viele Dokumente wurden von G-2 in Buchenwald beschlagnahmt. Ab Mai 1945 wurden diese Aufzeichnungen sortiert, da versucht werden sollte, die Namen der Inhaftierten, Wachleute und Verwaltungsbeamten von Nordhausen und Buchenwald zu erfassen. Es ist aber nicht bekannt, ob Unterlagen in diesen Dokumenten entdeckt worden sind und ob sie die Besitzverhältnisse der obenbeschriebenen Wertgegenstände klären.«

»HEADQUARTERS 1ST US INFANTRY DIVISION

1st CIC Detachment

APO 1, US Army

12. August 1945

Thema: Bericht über vergrabene Schätze nahe Buchenwald.

An: AC of S, G-2, 1st US Inf Div, APO 1, US Army

Der anliegende Bericht bestätigt, daß 100–150 Koffer mit Gold- und Silberwaren im Steinbruch nahe Buchenwald vergraben sind.

Wir senden Ihnen diesen Bericht für die notwendigen Handlungen.

LOUIS J. CORTES
2d Lt., AUS (CIC)
Commanding

1 Anlage: Bericht«

»VERTRAULICH

(Der folgende Bericht stellt dar, wie oder wo eine variable Anzahl von Wertsachen aus dem KZ Buchenwald entnommen und im oder nahe dem Steinbruch vergraben wurde; angegeben auf der anliegenden Skizze.)

Einrichtung [einer KZ-Spezialabteilung – W. S.]:	Ende 1944 oder Anfang 1945.
Zweck:	Aufbewahrung und Sichtung der vom Osten (Auschwitz) überstellten Koffer.
Stärke der Abteilung:	ca. 8 Personen.
Beobachtung:	Bei der Reichsbank in Weimar wurden von Zeit zu Zeit ausländische Sorten und Devisen in Höhe von jeweils 100000 bis 200000 Reichsmark umgetauscht und auf Konten überwiesen.
Sicherstellung:	Die noch nicht gesichteten Koffer wurden in einer Nacht (zwischen dem 8.–10. April 1945) in der Nähe

des Steinbruchs oder daselbst vergraben bzw. durch Sprengung verschüttet. Anzahl der Koffer zwischen 100 und 150. Gewicht von 10 bis 50 kg. Inhalt wahrscheinlich Gold- und Silberwaren sowie ausländische Devisen und Sorten (Goldbarren etc.)

PAUL J. HAEFNER
1st Lt., AUS«

Damit müßte wohl jeder Zweifel behoben sein, daß sich entgegen der abwiegelnden Meinung des »US-Experten« – dem übrigens all die vorangehend zitierten Dokumente vorlagen! – im Steinbruch von Buchenwald wirklich noch Geheimdepots befinden, die mit ihren Millionenwerten bis heute ungeöffnet blieben.

31. Mai 1994: Gestern und heute fanden die ersten Sondierungsarbeiten vor Ort statt. Große Technik war aufgefahren, weil kleinlicher Vorbehalt zu erwarten. Um zu unanfechtbaren Ergebnissen zu gelangen, wurden mehrere, voneinander völlig unabhängige Meßsysteme gleichzeitig gestartet, darunter Längstwellen-Radiometrie, Gradienten-Magnetometer-Vermessung und Spread-Spektrum-Radar mit Analyse im Zeitbereich.

Der rechte, nur spärlich bewachsene Hang bot günstige Untersuchungsmöglichkeiten, die Häftlingsskizze von 1945 entsprechende Orientierungshilfen. Überraschend bald das alarmierende Signal: »Hier ist was!«, abzulesen auf dem Monitor als deutlich markierter Pegel – unzweifelhaft ein exakt lokalisierter Hohlraum erheblichen Ausmaßes! Wenig später der Nachweis einer weiteren unterirdischen Anlage ähnlicher Dimension …

Wechsel zur anderen Seite. Dort erschwerte wildwüchsiger Wald eines halben Jahrhunderts die Erkundungen. Auf selbstgetretenem Trampelpfad durch meterhohe Brennnesseln, Gesträuch und Gestrüpp, die sensible High-Tech auf profane Sackkarren geschnallt, selbige oft nur mit einem Rad hart am Abgrund der schroffen Kalksteinklippen balancierend, dazu noch ein zentnerschweres, benzingetriebenes Stromaggregat und sich ständig im Unterholz verheddernde Kabel mitschleppen – mein Gott, warum sitze ich nicht bequem an meinem Schreibtisch?!

Heute nun die erste Auswertung. Das Ergebnis macht atemlos. Wenngleich noch der Computer-Zusammenschnitt aller eingespeisten Daten fehlt, ebenso die Analyse der Wärmebildmessung vom Hubschrauber aus, läßt sich doch jetzt schon ohne jeden Zweifel bestätigen: Die in der Häftlingsskizze angegebenen Bunker sind mit je zweieinhalb bis drei Meter Breite und acht Meter Länge tatsächlich vorhanden!!!

Damit ist eine Sensation perfekt. Ich habe immer daran geglaubt, und dennoch überwältigt mich dieser Moment, da ein Wunschtraum so plötzlich zur Wirklichkeit wird.

Es ist ein Erfolg, aber noch kein Sieg. Wir richten uns auf zähes, zermürbendes Genehmigungsgerangel um weitere Untersuchungen ein – doch unter den Teppich kehren läßt sich nun nichts mehr; dazu sind die Beweise zu erdrückend und wir zu unnachgiebig. –

Somit steht Zuversicht statt Resignation am vorläufigen Ende dieses Tagebuches, das sich als ein Zwischenbericht versteht und seine Fortsetzung öffentlich einklagt. Eine vermeintlich unendliche Geschichte will solchermaßen zum erhofften Abschluß finden.

Inhalt